Edmüller/Wilhelm · Argumentieren · sicher · treffend · überzeugend

sche Bibliothek – CIP-Einheitsaufnahme

Edmüller:
tieren: sicher, treffend, überzeugend / von Andreas Edmüller und
Wilhelm. – Planegg: WRS, Verl. Wirtschaft, Recht und Steuern, 1998
-Betriebs-Praxis)
3-8092-1313-6

92-1313-6 Bestell-Nr. 00607

RS Verlag Wirtschaft, Recht und Steuern GmbH & Co., Fachverlag
rift: Postfach 13 63, 82142 Planegg
rift: Fraunhoferstraße 5, 82152 Planegg
89) 8 95 17-0, Telefax (0 89) 8 95 17-2 50

Dr. Harald Henzler

gestaltung: Agentur 4 M, 82166 Gräfelfing
Service GmbH, 09 1 19 Chemnitz
hoder Druck GmbH, 86368 Gersthofen

Argument
· sicher · treffend · i

von

Andreas Edm
und
Thomas Wilh

wrs Ver

Die Deu

Andrea
Argume
Thomas
(WR
ISBN

ISBN 3-8

Postansc
Hausansc
Telefon

Lektorat

Umschl
Satz: B
Druck:

Inhaltsverzeichnis

Seite

Vorwort 9

1 Warum logisches Argumentieren? 11

2 Ihr Handwerkszeug: Argumente 19
Was Sie wissen sollten, wenn Sie professionell argumentieren wollen

2.1 Eine klare Struktur 20
Wie Argumente aufgebaut sind

2.2 Was Argumente zum Einsturz bringt 26
Wie erfolgreiche Argumente aussehen

2.3. Erkennen Sie die Signale! 29
Wie Sie Argumente erkennen können

2.4 Wenn wichtige Teile fehlen 31
Was man unter unvollständigen Argumenten versteht

2.5 Komplexe Realität 32
Mit welchen vielschichtigen Argumentationen Sie rechnen sollten

2.6 Eine Frage des Typs 33
Welche grundlegenden Argumenttypen es gibt

2.7 Die Sache mit der Beweislast 35
Wer die Beweislast trägt

3 FullPower-Argumente: Die Kraft der logischen Beweise 39
Wie Sie eine absolut wasserdichte Argumentation aufbauen

3.1 Ja-zu-den-Bedingungen, Nein-zu-den-Konsequenzen 42
Wie Sie auf starke Konsequenzen hinweisen oder Möglichkeiten effektiv widerlegen

3.2 EntwederOder 56
Wie Sie Handlungsalternativen präzise strukturieren

3.3 Elegante Schlußketten 59
Wie Sie interessante Zusammenhänge aufdecken

Seite

3.4 Welch ein Dilemma! 61
Wie Sie eine „Kaufentscheidung“ herbeiführen
3.5 Indirekt zum Ziel 67
Wie Sie Ihren Standpunkt begründen und den gegenteiligen gleichzeitig widerlegen
3.6 Alle FullPower-Argumente auf einen Blick 70

4 HighPower-Argumente und LowPower-Argumente: Aus Erfahrung gut 76
Wie Sie Ihren Standpunkt wirkungsvoll verteidigen können

4.1 Bottom up: Richtig Verallgemeinern 78
Wie Sie von einer begrenzten Datenmenge zu brauchbaren Verallgemeinerungen kommen
4.2 Top down: Vom Allgemeinen zum Speziellen 90
Wie Sie von einem allgemeinen Sachverhalt auf einen Spezialfall schließen
4.3 Fragen wir den Experten 96
Wie Sie sich zur Begründung auf Autoritäten berufen
4.4 Wer ist hier wem ähnlich? 102
Wie Sie Ihren Gesprächspartner durch ein Analogieargument überzeugen
4.5 Alles hat eine Ursache 108
Wie Sie intelligente Kausalargumente aufbauen
4.6 Schlaue Vermutungen 120
Wie Sie Hypothesen bestätigen oder widerlegen
4.7 Und die Konsequenz? 127
Wie Sie eine Vorteils- oder Nachteilsargumentation entwickeln
4.8 Vorsicht Lawine 131
Wie Sie gegen einen Vorschlag opponieren
4.9 Ein typischer Fall 137
Wie Sie Ihren Standpunkt auf ein Beispiel stützen
4.10 Nur keine Verschwendung 142
Wie Sie für die Weiterverfolgung eines Ziels plädieren

Seite

4.11 Das sind die Regeln 144
Wie Sie Regeln und Ausnahmen in Argumenten einsetzen

4.12 Alle HighPower- und LowPower-Argumente
auf einen Blick 147

5 NoPower-Argumente: Unfaire Verführer 160
Wie Sie sich vor Fehlschlüssen und Taktiken hüten

5.1 Die Brunnenvergiftung 165
Wie Sie reagieren, wenn jemand ihre Position von vornherein diffamiert

5.2 Das ist Tabu 165
Was Sie tun, wenn Themen von der Diskussion ausgeschlossen werden

5.3 Attacke! 167
Wie Sie mit direkten Angriffen gegen die Person umgehen

5.4 Alles klar, oder? 178
Wie Sie auf die Evidenztaktik und Garantietaktik reagieren

5.5 Wirklich absurd 180
Wie Sie abstruse Gegenbeispiele kontern

5.6 Ehrwürdige Traditionen 182
Wie Sie das Traditionsargument umgehen

5.7 Heilige Prinzipien 184
Wie Sie Ihrem Gesprächspartner helfen, den Fakten ins Auge zu sehen

5.8 Die Macht der Gefühle 186
Wie Sie emotionale Appelle behandeln sollten

5.9 Bauen wir einen Strohmann 192
Wie Sie reagieren, wenn fiktive Standpunkte unterstellt werden

5.10 Perfektionismus 196
Wie Sie den Fehlschluß der unerreichbaren Vollkommenheit verhindern

5.11 Ich weiß, daß ich nichts weiß 198
Wie Sie falsche Argumente aus dem Nichtwissen vermeiden

Seite

5.12 Voll daneben 200
Wie Sie der Irrelevanztaktik entgehen
5.13 Wir drehen uns im Kreis 203
Wie Sie sich vor dem Zirkelschluß hüten
5.14 Nichts Halbes und Nichts Ganzes 205
Wie Sie Fehler der Zusammensetzung und der Teilung vermeiden
5.15 Was ist die Alternative? 207
Wie Sie auf den Fehler der falschen Alternative reagieren
5.16 Rückzug 208
Wie Sie einen definitorischen Rückzug aufhalten
5.17 Sicherheitsmaßnahmen 210
Was Sie bei einer fadenscheinigen Absicherungstaktik tun können
5.18 Da Capo! 212
Wie Sie sich gegen ständige Wiederholungen wehren
5.19 Die Macht der Menge 213
Wie Sie das Zahlenargument aushebeln
5.20 Der einseitige Blick 215
Wie Sie den Fehler der einseitigen Perspektive verhindern
5.21 Widerlege das Beispiel! 217
Wie Sie reagieren, wenn es jemand nur auf Ihr Beispiel abgesehen hat
5.22 Welche Sprache sprechen Sie? 217
Wie Sie sich vor Ungenauigkeit im sprachlichen Ausdruck hüten
5.23 Emotional geladen 222
Wie Sie mit emotional gefärbten Ausdrücken umgehen

6 Alle 35 Taktiken auf einen Blick 225

7 Übungen 230

Literaturempfehlungen 236

Stichwortverzeichnis 237

Vorwort

Wenn wir andere Menschen von etwas überzeugen möchten, argumentieren wir. Wenn wir eine vernünftige Entscheidung für oder gegen eine Sache finden möchten, argumentieren wir. Wenn wir etwas erklären, argumentieren wir. Wenn wir eine Entscheidung begründen oder rechtfertigen, argumentieren wir. Kurz: wir argumentieren sehr oft – und vom Ergebnis unserer Argumentation kann für unser Unternehmen, unser Team oder für uns selbst sehr viel abhängen.

Wer professionell argumentieren möchte, benötigt zum einen korrekte und stichhaltige Argumente und zum anderen das Wissen und Können, um diese Argumente wirkungsvoll einzusetzen. Es ist wie bei einem kompetenten Chirurgen: dieser benötigt hochwertige Instrumente wie Skalpelle und Sonden; außerdem sind Wissen und Können unerläßlich. Und genau wie die Kunst der Chirurgie, ja, wie eigentlich jede Kunst, so erfordert auch die Kunst der Argumentation die sichere Beherrschung eines gewissen Handwerkszeugs. Dieses Handwerkszeug liefern wir Ihnen in diesem Buch. Der Schwerpunkt liegt dabei voll und ganz auf dem praktischen Nutzen für den Leser; theoretische Hintergründe beleuchten wir nur als Mittel zum Zweck. Unser Ziel ist es, Sie dabei zu unterstützen, Ihre argumentative und logische Kompetenz zu verbessern und zu professionalisieren. Um dieses Ziel gemeinsam mit Ihnen zu erreichen, konzentrieren wir uns auf Fragen wie die folgenden:

- Was ist eigentlich ein Argument?
- Welche Bestandteile hat ein überzeugendes Argument?
- Wie überprüft man Argumente?
- Welche Argumenttypen gibt es?
- Welche Fehlschlußarten und Pseudoargumente gibt es?
- Wie erkennt und vermeidet man Fehlschlüsse?

Wir alle wissen, daß gute Argumentation alleine nicht immer zum Ziel führt. Manchmal entscheiden schlicht und einfach die Machtverhältnisse darüber, welche Meinung sich durchsetzt. Manchmal führen psychologische Tricks zum „Erfolg"; manchmal „gewinnt" nicht das beste Argument, sondern der geschickteste Manipulator. Warum also argumentative Kompetenz erwerben? Warum professionell und sachlich argumentieren?

Die Antwort: argumentative Kompetenz ist der beste Schutz gegen rhetorische Tricks oder psychologische Manipulationstechniken. Wer genau weiß, worauf es bei einem stichhaltigen Argument ankommt, erkennt sofort, wenn jemand unfaire Mittel einsetzt. Diese unfairen Mittel sollen ja in der Regel gerade vom Kern der Sache ablenken; sie sollen verdecken, daß ein Standpunkt auf sehr wackeligen Beinen steht, daß eigentlich kaum etwas für eine bestimmte Entscheidung spricht, oder daß eine Erklärung im Grunde keine ist. Ein Argumentationsprofi erkennt diese unfairen Tricks im Ansatz und kann sich elegant dagegen zur Wehr setzen.

Außerdem: wer andere Menschen fair und dauerhaft überzeugen möchte, der benötigt korrekte und stichhaltige Argumente. Überzeugungsarbeit ist nur dann fair, wenn die Gründe, die für oder gegen eine Sache sprechen, klar und deutlich dargestellt und gewichtet werden. Nur so können der oder die Gesprächspartner die Relevanz und die Tragweite der Gründe nachvollziehen und klar beurteilen. Und ein wohldurchdachtes, klares Urteil hat im Normalfall weit mehr Beständigkeit als ein durch manipulative Tricks erzeugtes. Manipulation, unfaire rhetorische und psychologische Tricks können zwar kurzfristig zum „Erfolg" führen, langfristig entscheidet aber in aller Regel doch die Qualität der Argumente.

Eine Fülle von weiteren Überlegungen spricht dafür, sich intensiv mit der Kunst der Argumentation auseinanderzusetzen: Argumentative Kompetenz klärt das eigene Denken und erhöht so unsere Selbstsicherheit. Klares Denken führt zu präziser Argumentation. Präzise Argumentation vermeidet Mißverständnisse, spart Zeit und schont unsere Nerven. Präzise Argumentation ist Voraussetzung für eine sach- und problemorientierte Gesprächsatmosphäre; sie ist das Fundament für dauerhafte, effiziente und wirkungsvolle Problemlösungen; sie ist eine solide Basis für Glaubwürdigkeit und Vertrauen.

Auf einen Punkt möchten wir besonders deutlich hinweisen: Es macht einfach Spaß, ein Argumentationsprofi zu werden! Es ist die Freude am Denken und am „Selberdenken", am Überlegen, am fairen und logischen Kräftemessen, am gekonnten Argumentieren, die wir unseren Lesern vermitteln möchten.

Wer sollte dieses Buch lesen? Die Antwort ist einfach: Jeder, der seine argumentative Kompetenz professionalisieren will. Führungskräfte, Pressesprecher, Trainer, Journalisten, Studenten, Lehrer, Schüler, Berater, Politiker, Verkäufer, Väter und Mütter, Söhne und Töchter … und, vor allem, Sie!

Wir wünschen Ihnen viel Freude dabei

1 Warum logisches Argumentieren?

Wir betrachten die Welt im Licht der Meinungen und Überzeugungen, die wir im Laufe unseres Lebens durch persönliche Erfahrungen und die Kommunikation mit anderen Menschen übernommen haben. Einige dieser Meinungen und Überzeugungen sind ziemlich fest verankert – zum Beispiel die Überzeugung, daß 2 + 2 = 4 ist oder daß sich die Erde um die Sonne dreht. Einige Meinungen sind nicht so stabil – zum Beispiel die Meinung, daß mein Nachbar heute nicht zu Hause ist oder daß die Arbeitslosigkeit im nächsten Jahr gesenkt werden kann.

Die Summe unserer Meinungen und Überzeugungen können wir unser Welt- und Menschenbild nennen. Unser Welt- und Menschenbild bestimmt stark unsere Entscheidungen und unser Handeln. Wenn ich glaube, daß die Aktien im asiatischen Markt steigen werden, kann diese Überzeugung ein guter Grund für mich sein, mich in diesem Markt zu engagieren. Wenn ich als Führungskraft glaube, daß Menschen nur dann Leistung zeigen, wenn man sie unter Druck setzt, dann werde ich entsprechend handeln. Wenn ich glaube, daß unsere Besprechungen sowieso nichts bringen, bleibe ich den Besprechungen möglicherweise fern – wenn nicht körperlich, dann zumindest mental.

Unser Welt- und Menschenbild ist nicht fest und stabil. Es ist dynamisch und wandelt sich fortwährend. Eine wichtige Ursache dafür ist die Kommunikation mit anderen Menschen, durch die wir beeinflußt werden. Das kann dazu führen, daß wir bestimmte Meinungen revidieren, vielleicht sogar aufgeben oder neue Ansichten akzeptieren. Ein großer Teil unserer Kommunikation zielt auf diesen Wandel von Meinungen und Überzeugungen. Das nennen wir dann „Überzeugen". Jemanden von etwas überzeugen heißt nämlich, daß er entweder eine bestimmte Meinung aufgibt, sie revidiert oder eine neue Meinung in sein Welt- und Menschenbild aufnimmt. Das wichtigste Instrument des Überzeugens ist das Argumentieren.

Durch Argumentieren andere Menschen zu überzeugen ist das zentrale Thema dieses Buches. Im Grunde überzeugt man mit Argumenten aber nicht nur andere Menschen, sondern man versucht auch, sich selbst zu überzeugen. Denken Sie nur daran, daß wir fortlaufend, solange wir denken, einen inneren Dialog führen: Wir argumentieren oft mit uns selbst, ob eine bestimmte Entscheidung richtig ist, ob wir eine bestimmte Meinung ändern oder einen Vorschlag akzeptieren sollten.

Argumentieren, um zu überzeugen, kann auf verschiedenen Ebenen betrachtet werden: der Inhaltsebene, der Strukturebene, der Formebene.

- Auf der **Formebene** überlegen wir, wie Argumente präsentiert werden können, so daß sie ihren Adressaten erreichen (rhetorische Mittel), oder welche Kommunikationsstrategie benutzt werden kann, um den Adressaten zu überzeugen (Fragetechniken, einfühlsames Zuhören).
- Auf der **Strukturebene** überlegen wir, wie die Argumentation strukturiert werden sollte, so daß der Adressat sie leichter nachvollziehen kann. Eine Möglichkeit ist beispielsweise das problemorientierte Argumentieren: Zuerst wird die Situation und Problemlage dargestellt, dann die eigentliche These als Lösung der Situation vorgestellt und schließlich begründet.
- Auf der **Inhaltsebene** überlegen wir, wie die inhaltliche Qualität der Argumente gesichert werden kann. Wir fragen uns: Wurden korrekte Argumentationsmuster benutzt? Wurden logische Fehler gemacht? Sind die genannten Gründe wirklich relevant? Wie ließe sich das Argument stärken?

In den meisten Veröffentlichungen zum Thema Argumentieren wird die Inhaltsebene völlig vernachlässigt. Sie aber ist enorm wichtig. Denn die inhaltliche Qualität der Argumente sichert langfristige Überzeugungskraft. Und genau um diese inhaltliche Qualität geht es in diesem Buch. Sie ist notwendige Voraussetzung für professionelles Argumentieren. Dieses Buch soll Sie zu einer tieferen Ebene des Argumentierens führen. Es will grundlegendes Handwerkszeug vermitteln, das Ihnen dabei helfen kann, die Stärken und Schwächen von Argumenten besser einzuschätzen, bewußter mit Sprache umzugehen, Schlußfolgerungen leichter zu erkennen, die Hauptlinien eines Arguments zu identifizieren, die Relevanz von Begründungen besser beurteilen zu können und konsequenter auf Argumentationstaktiken oder Argumentationsfehler zu reagieren.

Weil wir uns hauptsächlich mit der inhaltlichen Ebene des Argumentierens beschäftigen, sprechen wir in diesem Buch vom „logischen Argumentieren“. Logisches Argumentieren zielt auf die inhaltliche Qualität der Argumente. Diese inhaltliche Qualität ist die Basis für Glaubwürdigkeit und Überzeugungskraft. Logisches Argumentieren ist daher ein entscheidender Bestandteil im „Qualitätsmanagement“ des eigenen Denkens und der eigenen Kommunikation.

Der Nutzen

Was bringt es, seine Kompetenz im logischen Argumentieren zu festigen? Hier ist unsere Antwort:

Logisches Argumentieren fördert eine optimale Entscheidungsfindung.
Eines ist gewiß: die Situationen werden immer komplexer, die Dinge verändern sich immer schneller. Entscheidungen unter Unsicherheit sind die Regel. In vielen Fällen wissen wir nicht genau, welche Entscheidungen die besten sind. Wir tappen im Dunkeln. Logisches Argumentieren kann uns unterstützen, unsere Entscheidungen zu optimieren. Warum?

Weil durch logisches Argumentieren die Qualität von Begründungen und Schlußfolgerungen überprüft werden kann, und es somit gut begründetes Entscheiden erst ermöglicht.

Logisches Argumentieren fördert strategisches, kritisches und analytisches Denken.
„Glaube nicht alles, was man dir sagt.“ Diese Allerweltsweisheit beschreibt einen wichtigen Aspekt des logischen Argumentierens. Sind wir nämlich im Argumentieren geschult, werden wir stärker darauf achten, wie Behauptungen und Meinungen begründet werden, welche Daten herangezogen werden, um Aussagen oder Thesen zu stützen. Logisches Argumentieren macht uns zu kritischen Denkern: Wir ach-

ten stärker darauf, was wir hören und lesen, nehmen nicht jede Äußerung für bare Münze, wir überprüfen, ob Informationen korrekt sind, wir untersuchen, welche Beweise geliefert werden.

Als kritische Denker erkennen wir auch, wann uns echte Gründe genannte werden und wann wir durch bloße Taktiken dazu gebracht werden sollen, eine Meinung zu akzeptieren. Logisches Argumentieren schult uns also im Denken. Warum?

Weil durch logisches Argumentieren Begründungszusammenhänge hergestellt werden können, die komplexe Situationen durchleuchten helfen und somit ein klares, präzises Denken unterstützen. Dadurch werden unsere eigenen Argumentationen klarer und überzeugender.

Logisches Argumentieren fördert eine zielgerichtete und klare Kommunikation.

Oft werden wir in unseren Seminaren gefragt: „Wie gelingt es mir, meinen Standpunkt auf faire Weise besser durchzusetzen?“ Im Grunde gibt es nur eine Antwort auf diese Frage: Es gelingt Ihnen, wenn Sie Ihre Meinung präzise formulieren und klar begründen. Dadurch werden Sie es schaffen, mit Ihrem Gesprächspartner einen ziel- und sachorientierten Dialog zu führen. Logisches Argumentieren fördert also eine klare Kommunikation. Warum?

Weil die eigenen Standpunkte präziser formuliert und besser begründet werden. Die Kommunikation wird dadurch transparenter und weckt leichter Verständnis beim Gesprächspartner.

Logisches Argumentieren fördert Selbstsicherheit.

Selbstsicherheit im Auftreten unterstützt Überzeugungskraft. Aber wie gewinnt man Selbstsicherheit? Muß man dazu erst ein spezielles psychologisches Training durchlaufen? Vielleicht über glühende Kohlen oder Glasscherben gehen?

Wir werden Ihnen in diesem Buch keine Tips zum Thema „Selbstsicherheit“ geben, aber Kompetenz im logischen Argumentieren hat den psychologischen Effekt, die eigene Selbstsicherheit zu steigern. Warum?

Weil man die Stärken des eigenen Standpunkts genau kennt, die Schwächen in fremden Argumentationen schnell identifizieren kann und richtig darauf zu reagieren weiß. Kurz: Man ist für eine Fülle kniffliger Situationen gut gerüstet und sieht ihnen entsprechend ruhig und sicher ins Auge.

Logisches Argumentieren fördert die Teamentwicklung.
Gut funktionierende Teams sind die Keimzellen für Effizienz, Innovation und Veränderung in Organisationen und Unternehmen. Um gut zu kooperieren, brauchen Teams eine vertrauensvolle Kommunikationskultur. Diese Kultur sollte zum Beispiel in den Teambesprechungen zum Ausdruck kommen: Es wird offen diskutiert, effektiv geplant und zügig entschieden. Logisches Argumentieren kann dabei helfen, die Teamentwicklung voranzutreiben. Warum?

Weil eine an den Sachaufgaben orientierte Diskussionsatmosphäre und Besprechungskultur geschaffen wird, die Problemlösungen und innovatives Denken unterstützt.

Einige werden jetzt vielleicht fragen: „Warum brauche ich ein Buch zum logischen Argumentieren? Das kann ich doch schon." Das ist richtig. Wenn Sie nämlich nicht in der Lage wären, logisch zu argumentieren, könnten Sie zum Beispiel dieses Buch nicht verstehen. Aber in den meisten Fällen haben die Menschen nur ein vages und sehr ganzheitliches Verständnis vom logischen Argumentieren. Das heißt, sie folgen unbewußt den richtigen Regeln, wissen aber nicht, warum. Wenn dann in einem Argument etwas falsch läuft, dann „merken" oder „spüren" die meisten zwar, daß etwas nicht ganz in Ordnung ist, erkennen aber nicht genau, wo der Fehler liegt. Das heißt, es fehlt das Wissen, was beim Argumentieren eigentlich genau passiert.

Oder wissen Sie, wie man ein Dilemma konstruiert, um Entscheidungen herbeizuführen, oder wie man eine Argumentationskette absolut wasserdicht aufbaut? Können Sie erklären, was in den folgenden Argumentationsfällen schiefläuft und was man hätte besser machen können?

Argumentationsfall A

Bei einer Besprechung wird argumentiert:

„In der Frage des neuen Standorts können wir die Mitarbeiter nicht in den Entscheidungsprozeß einbeziehen. Wenn wir das nämlich tun, wird es schließlich nicht nur bei dieser Frage bleiben. Die Mitarbeiter werden letztendlich bei allen Fragen mitreden wollen. Unser ganzes Unternehmen wird zu einem einzigen großen Diskussionsforum, und das angesichts der Lage, daß immer schneller Entscheidungen getroffen werden müssen. Ich bin daher dagegen, daß die Mitarbeiter zu diesem Thema befragt werden.“

Welche Schwachpunkte hat diese Argumentation? Wo liegen mögliche Fehlerquellen?

Argumentationsfall B

Bei einer Podiumsdiskussion zum Thema *„Wie moralisch müssen Unternehmen sein?“* argumentiert der Vorsitzende einer Bank, daß man Unternehmen ihre Exporte in den Irak nicht generell vorwerfen dürfe. Die Unternehmen könnten schließlich in vielen Fällen nicht voraussehen, wozu die Teile, die sie liefern, letzten Endes benutzt würden.

Ein Zuhörer erwidert: *„Dann kann man ja auch den Koka-Bauern in Kolumbien nicht vorwerfen, daß sie Koka anbauen und verkaufen. Die wissen ja auch nicht, welcher Schaden durch den Drogenhandel entsteht.“*

Darauf erwidert der Vertreter der Bank: *„Auf solche rhetorischen Spielereien lasse ich mich nicht ein.“* Er erntet Buh-Rufe.

Wie hätte der Vorstandsvorsitzende besser reagieren können?

Argumentationsfall C

In einer Diskussionssendung plädiert der Wirtschaftsminister für eine Liberalisierung des Ladenschlußgesetzes. Er bezieht sich auf ein Ifo-Gutachten, das seine Position unterstützt.

Eine Gewerkschaftsvertreterin kontert: *„Das Ifo-Gutachten, das Sie hier zitieren, hat aber auch herausgefunden, daß 70 Prozent al-*

ler Deutschen mit den bisherigen Ladenschlußzeiten zufrieden sind.“

Dieser Einwand der Gewerkschaftsvertreterin irritiert den Minister. Offensichtlich weiß er nicht genau, wie er darauf reagieren soll. In diesem Moment sammelt die Vertreterin der Gewerkschaft Pluspunkte.

Welche Relevanz besitzt der Einwand der Gewerkschaftsvertreterin? Wie sieht ihr Argument eigentlich genau aus?

Am Ende des Buches werden Sie genau sagen können, was in diesen Fällen falsch gelaufen ist. Sie werden außerdem wissen, wie eine sachliche, lösungsorientierte Argumentation und Diskussion geführt werden sollte und wo mögliche Fehlerquellen in verschiedenen Argumentationsformen liegen. Sie werden die wichtigsten Argumentformen kennen und ihre Stärken und Schwächen bewerten können. Sie können die wichtigsten Taktiken identifizieren und werden wissen, wie man effektiv darauf reagiert. Kurz: Sie werden das wesentliche Handwerkszeug des logischen Argumentierens kennen.

Die schlechte Nachricht: Wir liefern Ihnen keine Patentrezepte, wie Sie durch logisches Argumentieren Menschen überzeugen können. Solche Patentrezepte gibt es nicht – zum Glück. Auch ist logisches Argumentieren zwar ein notwendiger Bestandteil im „Business“ des Überzeugens, aber alleine reicht es nicht aus. Zum logischen Argumentieren müssen noch kommunikative Aspekte hinzukommen, damit Überzeugungskraft voll entwickelt werden kann: Sie sollten die Interessen und Erwartungen Ihrer Gesprächspartner berücksichtigen, kluge Fragen stellen, professionell zuhören, Einwände geschickt behandeln usw.

Die gute Nachricht: Dauerhafte Überzeugungskraft resultiert wesentlich aus korrekter Argumentation. Rhetorische Tricks führen zwar bisweilen zu kurzfristigen Erfolgen – aber in aller Regel merken wir sehr schnell, daß und wie wir aufs argumentative Glatteis geführt wurden. Wodurch lassen Sie selbst sich dauerhaft überzeugen: durch rhetorische Tricks oder durch stichhaltige Argumente?

Wie gehen wir in diesem Buch vor?

In Kapitel 2 werden wir Sie mit wichtigen Grundbegriffen des Argumentierens vertraut machen. Diese Begriffe brauchen Sie, um Argumente angemessen bewerten zu können.

In Kapitel 3 werden wir Ihnen Argumentformen vorstellen, mit denen Sie eine absolut wasserdichte Argumentation aufbauen können. Sie werden außerdem einige wichtige logische Fehlschlüsse kennenlernen.

Kapitel 4 dient dazu, Sie über die Argumentationsmuster aufzuklären, die in unserem Alltag am häufigsten vorkommen. Sie werden verstehen lernen, wo die Stärken und Schwächen dieser Argumentformen liegen.

Im fünften Kapitel werden wir Sie mit den wichtigsten Argumentationstaktiken bekannt machen, die Ihnen in Beruf und Alltag begegnen können. Sie werden erfahren, wie man sich gegen diese Taktiken geschickt zur Wehr setzen kann.

Am Schluß unseres Buches finden Sie schließlich einen Übungs- und Lösungsteil. Diesen Abschnitt können Sie nutzen, um Ihr Wissen zum logischen Argumentieren weiter zu festigen.

2 Ihr Handwerkszeug: Argumente

16. Mai, 2048. Der UN-Sicherheitsrat tritt nach einer kurzen Pause zu seiner zweiten Krisensitzung zusammen. In der Zwischenzeit ist eine Nachricht eingetroffen, die auf eine dramatische Wendung der Ereignisse hindeutet: vom Raumschiff der Außerirdischen hat sich ein Objekt abgesondert, das in die Erdumlaufbahn einschwenkt. Es hat Verbindung mit zwei Erdsatelliten aufgenommen, die dabei zerstört wurden. Ein Akt der Aggression, eine Demonstration der Stärke oder nur der fehlgeschlagene Versuch zu kommunizieren? Bisher ist es nicht gelungen, Kontakt zu dem unbekannten Raumschiff herzustellen. Den Mitgliedern im Sicherheitsrat ist die Anspannung deutlich anzumerken. Sie müssen schnell einen Plan entwickeln, wie man sich verhalten sollte. Wang, der Vertreter Chinas, fordert die Mobilmachung der Weltstreitkräfte, da ganz deutlich feindliche Absichten der Fremden zu erkennen seien. „Ob sie wirklich feindliche Absichten haben, wissen wir doch nicht“, erwidert Lemond. „Die Zerstörung der Satelliten kann ein Unfall gewesen sein. Wenn wir jetzt unsere Streitkräfte mobilisieren, kann genau dies als Akt der Aggression gewertet werden. Deshalb sollten wir einfach abwarten, was weiter passiert.“ „Unser Problem ist doch, daß wir in einem Teufelskreis sitzen“, sagt Gontschov, „Um herauszufinden, welche Absichten die Fremden haben, müßten wir uns mit ihnen verständigen können. Um uns mit ihnen verständigen zu können, müßten wir etwas über ihre Absichten wissen. Wir sollten vorsichtig vorgehen und kein Risiko eingehen. Das heißt, wir sollten mit dem schlimmstmöglichen Fall, einem Angriff, rechnen. Denn es steht viel zu viel auf dem Spiel, falls wir uns verkalkulieren.“ Sinclair, der Repräsentant Europas, zupft an seinem Bart und erklärt, daß man bei einem Einsatz der eigenen Streitkräfte wahrscheinlich nichts zu gewinnen habe, weil die Fremden in technologischer Hinsicht überlegen seien. „Wer so eine weite Reise unternehmen kann“, fährt er fort, „der ist uns mit Sicherheit auch technologisch weit voraus.“ „Auch das ist nur eine Vermutung“, wirft Wang wieder ein. „Eines ist doch klar, es muß sich um intelligente Wesen handeln, sonst würden sie nicht über so eine Technologie verfügen. Außerdem müssen auch sie damit rechnen,

daß wir in irgendeiner Weise auf ihr Eintreffen reagieren werden. Sie werden also auch die Möglichkeit durchgespielt haben, daß wir möglicherweise unsere Armeen in Alarmbereitschaft versetzen. Daher werden sie dies nicht als einen Akt der Aggression werten, sondern als eine vernünftige Vorsichtsmaßnahme, mit der sie ohnehin gerechnet haben.“ In diesem Moment geht die Tür auf, und …

Wir verlassen die dramatische Szene aus unserer Zukunft, den Augenblick des ersten Kontakts mit einer fremden Intelligenz. Klar ist, daß der Sicherheitsrat vor einer wichtigen Entscheidung steht, einer Entscheidung, die unter großer Unsicherheit getroffen werden muß. Die Entscheidung will daher wohlüberlegt sein. Verschiedene Standpunkte und Meinungen prallen bei der Diskussion der Situation aufeinander. Die Mitglieder des Sicherheitsrates bemühen sich, ihre Ansichten zu begründen und zu rechtfertigen, das heißt: sie argumentieren.

Argumente begegnen uns da, wo es um die Begründung von Behauptungen, Meinungen, Überzeugungen, Standpunkten, Thesen, etc. geht. Argumente benötigen wir, wenn eine Meinung oder ein Standpunkt vom Gesprächspartner oder den Diskussionsteilnehmern nicht einfach akzeptiert, sondern angezweifelt oder sogar bestritten wird. Argumente sollen in dem Fall begründen, warum man eine bestimmte Meinung glauben beziehungsweise als richtig akzeptieren soll.

Aber was ist eigentlich ein Argument? Genau diese Frage werden wir in diesem Kapitel klären. Denn bevor wir uns mit konkreten Argumentmustern und Argumentationstaktiken auseinandersetzen können, müssen wir genau verstehen, aus welchen Bausteinen ein Argument aufgebaut ist, was die grundlegenden Erfolgskriterien für Argumente sind und wie man Argumente in Alltagsargumentationen erkennt.

2.1 Eine klare Struktur

Zurück in die Gegenwart und zu einem Fallbeispiel, an dem wir einige fundamentale Aspekte von Argumenten kennenlernen werden.

Beispiel 2-1

Klaus und Claudia sind Mitglied des Leitungsteams von TerraCom, einem Unternehmen der Kommunikationsbranche, das Mobiltelefone produziert. Um angesichts der immer stärker werdenden Konkurrenz wettbewerbsfähig zu bleiben, hat man sich entschlossen, das Unternehmen neu zu organisieren. Zu diesem Zweck hat man ein umfassendes Programm gestartet. Ein wesentlicher Baustein dieses Programms ist die Einführung von Teamarbeit und die damit verbundene Verlagerung von Verantwortung auf die unteren Organisationsebenen. Die Mitarbeiter sollten mehr Verantwortung übernehmen und mehr Entscheidungen selbst treffen. Nach einem halben Jahr aber ist das Ergebnis ernüchternd: Viele wichtige Entscheidungen werden von den Mitarbeitern nicht getroffen, und die Verantwortung wird wieder zu den Vorgesetzten zurückverlagert. Klaus und Claudia sind enttäuscht. Zwischen den beiden entwickelt sich folgender Dialog: Klaus: *„Unser Konzept, den Mitarbeitern mehr Verantwortung zu übergeben, scheint nicht zu funktionieren.“*

Claudia: *„Ich glaube die Mitarbeiter scheuen sich, Verantwortung zu übernehmen, weil sie Angst vor der damit verbundenen Freiheit haben.“*

Klaus: *„Ein interessanter Punkt, aber was meinst du damit genau?“*

Claudia: „Verantwortung zu übernehmen heißt doch, die Freiheit zu haben, Entscheidungen zu treffen. Entscheidungen aber sind stets mit einem Fehlerrisiko behaftet. Wenn ich eine Entscheidung treffe, kann mir immer ein Fehler unterlaufen. Einen Fehler zu machen bedeutet in der Regel, negativen Sanktionen ausgesetzt zu sein, und genau vor solchen möglichen Sanktionen haben unsere Mitarbeiter Angst.“

Claudia glaubt, daß die Mitarbeiter Verantwortung scheuen. Sie begründet das mit der These, daß die Mitarbeiter Angst vor der damit verbundenen Freiheit hätte. Das ist ihr erstes Argument. Klaus findet diese Begründung zwar interessant, aber sie ist ihm nicht ganz einsichtig. Daraufhin liefert ihm Claudia ein ausführliches Argument für diese These.

Was also ist ein Argument? Wenn man ein Argument ganz formal betrachtet und vom Inhalt einmal absieht, dann handelt es sich dabei einfach um eine Gruppe von Aussagen, die in einer sogenannten Begründungsbeziehung zueinander stehen. Das heißt: In einem Argument werden Gründe für eine Meinung oder eine Behauptung geliefert.

Die Struktur eines Arguments ist im Grunde ganz einfach. Jedes Argument besteht aus zwei zentralen Bausteinen:

- dem Standpunkt (Meinung/Behauptung), der begründet werden soll, und
- den Gründen, die benutzt werden, um den Standpunkt zu stützen.

Diese zwei wichtigen Bausteine eines Arguments haben spezielle Namen. Die zentrale Behauptung, den Standpunkt in einem Argument, nennt man die **Konklusion**; die Gründe werden auch die **Prämissen** eines Arguments genannt.

Diese zwei Begriffe sollten Sie sich merken, denn sie werden in unserem Buch eine wichtige Rolle spielen und immer wieder vorkommen, wenn wir Argumente untersuchen.

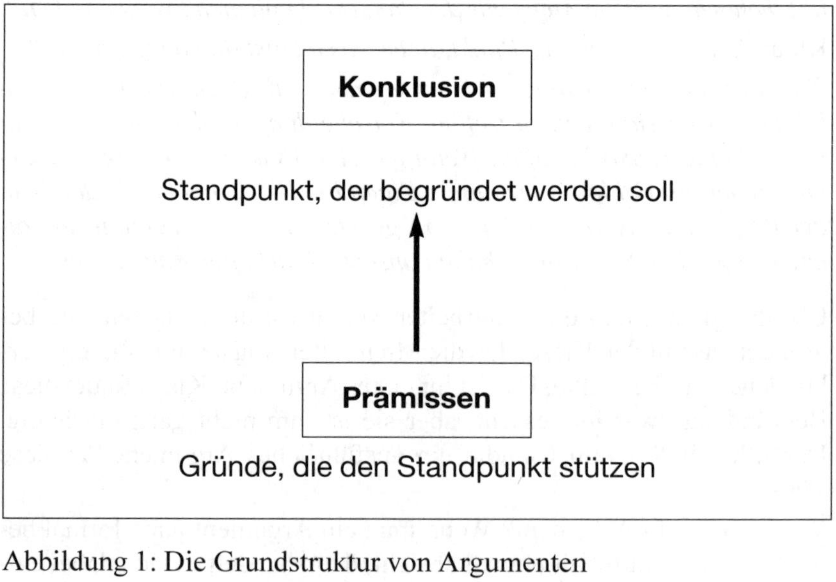

Abbildung 1: Die Grundstruktur von Argumenten

Prämissen und Konklusion

Jedes Argument muß mindestens eine Prämisse (einen Grund) besitzen. Sonst handelt es sich ja gar nicht um ein Argument, sondern nur um eine Behauptung. Claudias erstes Argument aus Beispiel 2-1 besitzt eine Konklusion (die Behauptung) und eine Prämisse. Übersichtlicher können wir das folgendermaßen darstellen:

Prämisse:	Die Mitarbeiter haben Angst vor der Freiheit, die mit der Übernahme von Verantwortung verbunden ist.
Konklusion:	Die Mitarbeiter scheuen Verantwortung.

Im folgenden Beispiel kommt ein Argument mit zwei Prämissen vor.

■ ***Beispiel 2-2***

Monika und Paula, zwei Asienexpertinnen, unterhalten sich über die Wirtschaftsentwicklung in Japan. Monika: *„Ich glaube, daß die Nachfrage nach Konsumgütern in Japan stark zurückgehen wird. Denn in diesem Jahr wurde ja die Mehrwertsteuer von zwei auf fünf Prozent erhöht, und wenn die Mehrwertsteuer erhöht wird, sinkt gewöhnlich die Nachfrage nach Konsumgütern."* ■

Monikas Argument enthält zwei Prämissen. Es hat folgende Struktur:

1. Prämisse:	Die Mehrwertsteuer wurde in Japan in diesem Jahr von zwei auf fünf Prozent erhöht.
2. Prämisse:	Wenn die Mehrwertsteuer erhöht wird, sinkt gewöhnlich die Nachfrage nach Konsumgütern.
Konklusion:	Der Konsumverbrauch in Japan wird in diesem Jahr stark zurückgehen.

Wieviele Prämissen in einem Argument vorkommen können, ist nicht festgelegt. Prinzipiell könnte ein Argument unendlich viele Prämissen enthalten. In den meisten Alltagsargumenten kommen aber in der Regel nicht mehr als zwei oder drei Prämissen vor.

Ob eine Aussage als Prämisse oder als Konklusion fungiert, hängt davon ab, welche Rolle die Aussage in einem Argument spielt. Im Beispiel 2-1 trat Claudias Aussage „Die Mitarbeiter haben Angst vor der

Freiheit" als Prämisse auf. Diese Aussage fungierte als Grund zur Stützung der Konklusion, daß die Mitarbeiter Verantwortung scheuen. Nachdem Klaus jedoch nachfragte, hat Claudia diese Aussage nicht einfach stehenlassen, sondern selbst wiederum begründet. Die Aussage wurde somit zur Konklusion eines zweiten Arguments. Dieses Argument sieht folgendermaßen aus:

1. Prämisse:	Verantwortung zu übernehmen heißt, die Freiheit zu haben, Entscheidungen zu treffen.
2. Prämisse:	Entscheidungen aber sind stets mit einem Fehlerrisiko behaftet.
3. Prämisse:	Einen Fehler zu machen bedeutet in der Regel, negativen Sanktionen ausgesetzt zu sein.
4. Prämisse:	Genau vor solchen möglichen Sanktionen haben unsere Mitarbeiter Angst.
Konklusion:	Die Mitarbeiter haben Angst vor der Freiheit, die mit der Übernahme von Verantwortung verbunden ist.

Sie sehen, daß dieses Argument relativ komplex ist. Denn es besitzt vier Prämissen. Es könnte nun durchaus sein, daß Klaus einige dieser Prämissen nicht für akzeptabel hält. Vielleicht stört ihn die dritte Prämisse. Das könnte dazu führen, daß Claudia sich gezwungen sieht, auch diese Aussage („Einen Fehler zu machen bedeutet in der Regel, negativen Sanktionen ausgesetzt zu sein.") zu begründen.

Der Schlußpunkt des Argumentierens

Wann ist dann ein Ende des Argumentierens erreicht? Diese Frage drängt sich auf, denn sieht es nun nicht so aus, als müßte die Suche nach Argumenten endlos weitergehen? Doch keine Sorge: Wir müssen uns nicht im Unendlichen verlieren, wenn wir argumentieren. Ein Schlußpunkt ist nämlich dann erreicht, wenn wir auf Gründe stoßen, die vom Gesprächspartner akzeptiert werden, Gründe, denen der Gesprächspartner also zustimmt.

Diese Formulierung zeigt, daß in unseren Alltagsargumentationen nicht objektive Wahrheit das wichtigste Merkmal eines Arguments ist, sondern die Akzeptanz durch den Gesprächspartner. Es könnte sein, daß unser Gesprächspartner ein Argument akzeptiert, obwohl die Prämissen, die im Argument vorkommen, – objektiv betrachtet – nicht wahr sind. Aber wenn er die Gründe akzeptiert, dann hat er auch das Argument akzeptiert, und ein Ende der Argumentation ist erreicht. Unter diesem Blickwinkel ist ein Argument also erfolgreich, wenn der Gesprächspartner die Prämissen für akzeptabel hält, die die Konklusion stützen sollen.

Argumente kann man sehr schön graphisch darstellen, und zwar in sogenannten Strukturbäumen. Claudias Argument hat folgenden Strukturbaum:

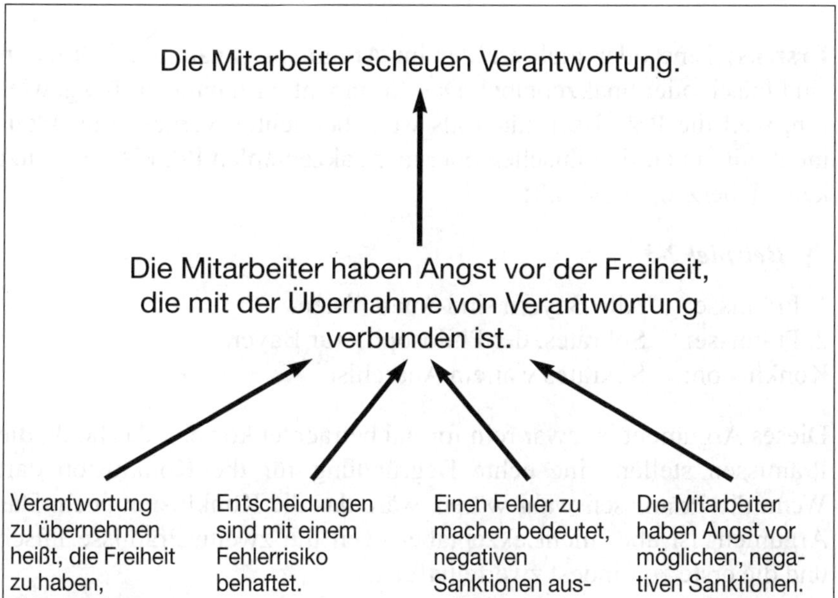

Abbildung 2: Strukturbaum für ein Argument

Wir wissen jetzt also: Jedes Argument ist eine Gruppe von Aussagen, die genau eine Konklusion und mindestens eine Prämisse enthält.

2.2 Was Argumente zum Einsturz bringt

Was ist ein gutes, erfolgreiches Argument? Hier kommt es darauf an, wie wir „Erfolg“ definieren. Da es uns in erster Linie um Überzeugungssituationen geht – wir benutzen Argumente, um andere Menschen zu überzeugen –, können wir den Erfolg eines Arguments an seiner Überzeugungskraft messen.

Am besten macht man sich die wichtigsten Erfolgsdimensionen eines Arguments klar, wenn man sich ansieht, wie ein Argument fehlschlagen oder zum Einsturz gebracht werden kann. Es gibt zwei prinzipielle Möglichkeiten:

Erstens: Eine oder mehrere der im Argument genannten Prämissen sind falsch oder unakzeptabel. Das Argument wird dann zurückgewiesen, weil die Prämissen nicht als wahr betrachtet werden. Ein Argument mit ersichtlich falschen oder nicht akzeptablen Prämissen besitzt keine Überzeugungskraft:

■ ***Beispiel 2-3***

1. Prämisse:	Alle Bayern sind Anarchisten.
2. Prämisse:	Sokrates, der Philosoph, war Bayer.
Konklusion:	Sokrates war ein Anarchist. ■

Dieses Argument ist zwar rein formal betrachtet korrekt, das heißt, die Prämissen stellen eine echte Begründung für die Konklusion dar: Wenn die Prämissen wahr wären, wäre das die Konklusion auch. Das Argument ist aber nicht akzeptabel, weil die zweite Prämisse falsch und die erste zumindest zweifelhaft ist.

Zweitens: Die Prämissen, obwohl wahr und akzeptabel, stehen nicht in der richtigen Begründungsbeziehung zur Konklusion. Die genannten Prämissen liefern keine echte Begründung, sie sind für die Richtigkeit der Konklusion nicht relevant. In diesem Fall können die genannten Prämissen zwar für sich genommen wahr oder akzeptabel sein, aber sie liefern keine Begründung der Konklusion:

■ ***Beispiel 2-4***

1. Prämisse: Alle Japaner haben schwarze Haare.
2. Prämisse: Michael Jackson hat schwarze Haare.
Konklusion: Michael Jackson ist ein Japaner. ■

Dieses Argument ist nicht akzeptabel. Denn die Prämissen sind zwar alle wahr, aber sie stehen nicht in der richtigen Beziehung zur Konklusion. Die Prämissen liefern keine echte Begründung. Dieses Argument ist (logisch) nicht korrekt.

Empfehlungen für Ihre Argumentationspraxis

Wenn Sie argumentieren, sollten Sie an folgende Dinge denken:
Prüfen Sie, ob die Prämissen Ihrer Argumente wahr sind oder ob sie die Chance haben, vom Gesprächspartner (Adressaten) akzeptiert zu werden.

Überlegen Sie, ob und wie die Prämissen Ihrer Argumente selbst wieder gestützt, das heißt begründet werden könnten.

Überlegen Sie außerdem, ob die genannten Gründe für Ihre Konklusion wirklich relevant sind: Handelt es sich um echte Gründe?

Umgekehrt können Sie Argumente prinzipiell auf folgende Art und Weise kritisieren: Sie bezweifeln die Prämissen.

Oder Sie bezweifeln die Korrektheit des Arguments, indem sie zum Beispiel kritische Fragen stellen oder zeigen, daß es sich um einen Fehlschluß handelt.

In diesem Buch werden wir uns in erster Linie mit Fragen der Korrektheit von Argumenten beschäftigen, also mit der Frage, welche legitimen Möglichkeiten es gibt, um eine Konklusion zu begründen.

Begründen und Schlußfolgerungen ziehen

Argumente benötigen wir nicht nur, um Behauptungen oder Meinungen zu begründen, sondern sie werden auch benutzt, wenn wir Schlußfolgerungen ziehen. Schlußfolgerungen ziehen wir zum Beispiel dann, wenn wir über die möglichen Konsequenzen alternativer Entscheidungen nachdenken.

■ ***Beispiel 2-5***

Die Firma Intro GmbH möchte eine Repräsentanz in Asien aufbauen. Es geht um die Frage, ob Singapur oder Hongkong als Standort gewählt werden soll.

Der Marketingleiter der Intro GmbH argumentiert: *„China ist für uns der wichtigste Exportmarkt in Asien. Je näher wir an diesem Markt sind, umso schneller können wir auf die Wünsche unserer Kunden reagieren. Wir sollten daher Hongkong und nicht Singapur als Sitz unserer Zweigstelle in Asien wählen.“* ■

Der Marketingleiter zieht eine Schlußfolgerung, nämlich daß Hongkong und nicht Singapur als Sitz der Zweigstelle gewählt werden sollte. Diese Schlußfolgerung ist nichts anderes als die Konklusion in seinem Argument. Dabei geht er so vor, daß er zuerst die Prämissen nennt und daraus die Konklusion ableitet. Der Marketingchef zieht einen **Schluß**. Von einem Schluß spricht man dann, wenn man von gegebenen Prämissen auf eine Konklusion (Behauptung, Standpunkt) schließt. **Auch ein Schluß ist ein Argument.** Nur beginnt im Falle eines Schlusses der Gedankengang nicht bei der zentralen Behauptung (Konklusion), die im weiteren Verlauf des Arguments begründet wird, sondern bei den Prämissen, aus denen die zentrale Behauptung als Schlußfolgerung abgeleitet wird. Begründungen zu geben und Schlußfolgerungen zu ziehen, sind also nur die Kehrseiten ein und derselben Medaille. In beiden Fällen benutzen wir Argumente.

Argumentschemata

Wenn wir im folgenden Argumente niederschreiben, werden wir sie manchmal auf schematische Weise darstellen: Dabei führen wir zuerst die Prämissen auf und dann – getrennt durch den sogenannten Folgerungsstrich – die Konklusion. So gewinnen wir an Übersicht, wenn wir Argumente analysieren. Das Argument des Marketingleiters aus dem Beispiel 2-5 können wir so darstellen:

China ist für uns der wichtigste Exportmarkt in Asien.
Je näher wir an diesem Markt sind, umso schneller können wir auf die Wünsche unserer Kunden reagieren.

Daher: Wir sollten Hongkong und nicht Singapur als Sitz unserer Zweigstelle in Asien wählen.

2.3 Erkennen Sie die Signale!

Normalerweise begegnen wir Argumenten nicht in dieser schematischen Form. Sie sind vielmehr in Dialogkontexte eingebettet. Das macht es nicht immer leicht, Argumente zu erkennen. Vor allem bei mündlichen Dialogen oder Diskussionen kann es schwierig sein, dem Gang der Argumentation zu folgen.

Argumente können auf verschiedenste Art und Weise formuliert werden. Zum Beispiel hätte unser Marketingchef (Beispiel 2-5) auch eine der folgenden Formulierungsvarianten wählen können:

- Variante 1: *„Wir sollten Hongkong und nicht Singapur als Standort wählen. Immerhin ist China unser wichtigster Exportmarkt. Und je näher wir an China sind, desto schneller können wir die Wünsche unserer Kunden erfüllen.“*

- Variante 2: *„Da China unser wichtigster Exportmarkt ist und wir die Wünsche unserer Kunden umso schneller erfüllen können, je näher wir an China sind, sollten wir Hongkong als Standort wählen und nicht Singapur.“*

Oft gibt es Signalwörter, die uns dabei helfen können, die Struktur von Argumenten zu identifizieren.

Signalwörter für Konklusionen sind beispielsweise:
folglich
daher
deshalb
darum
daraus folgt, daß ...
daraus kann man schließen, daß ...

Der Marketingleiter aus unserem Beispiel von oben benutzt den Ausdruck „daher“. Durch dieses Signalwort wird seine zentrale Behauptung, seine Konklusion, angedeutet.

Typische Signalwörter für Prämissen (Gründe) sind:
da,
denn,
weil,
nämlich.

Doch Achtung: Nicht immer sind solche Wörter Signale für Prämissen oder Konklusionen. In folgender Äußerung zum Beispiel zeigt der Ausdruck „da“ keine Prämisse an: „Da brennt ja noch Licht. Das müssen wir noch ausmachen!“

Empfehlungen für Ihre Argumentationspraxis

Die wichtigsten Fragen, die Sie sich stellen sollten, um Argumente erkennen zu können:

Was möchte der Sprecher oder Autor sagen? Worauf möchte er hinaus? Was ist seine zentrale Behauptung?

Wenn Sie die Behauptung (Konklusion) identifiziert haben, sollten Sie im nächsten Schritt fragen: Welche Gründe nennt der Autor/Sprecher, um die Behauptung zu stützen?

Gibt es Signalwörter, die helfen, Prämissen und Konklusion zu identifizieren?

2.4 Wenn wichtige Teile fehlen

Viele unserer Alltagsargumentationen sind - rein logisch betrachtet - unvollständige Argumente. In vielen Fällen fehlen Prämissen, oder es fehlt sogar die Konklusion. Prämissen oder Konklusionen wegzulassen ist oft üblich, da der Hörer oder Leser die fehlenden Bestandteile leicht ergänzen kann. Entweder gehören die Prämissen nämlich zum Hintergrundwissen des Adressaten und müssen deshalb nicht extra betont werden, oder sie sind aus dem Kontext ersichtlich. Manchmal jedoch sind gerade die fehlenden Prämissen die kritischen Elemente, die einer eingehenden Analyse nicht standhalten. Deshalb sind folgende Fragen sehr wichtig: Enthält das Argument Lücken? Gibt es fehlende Prämissen, und wie sehen diese aus?

Betrachten wir zur Illustration noch einmal das Argument für den Standort Hongkong:

China ist unser wichtigster Exportmarkt.

Die Wünsche unserer Kunden können wir umso schneller erfüllen, je näher wir an China sind.

Daher: Wir sollten Hongkong als Standort wählen und nicht Singapur.

Dieses Argument ist im Grunde nicht vollständig. Es fehlt eine Prämisse, nämlich: Hongkong liegt näher an China als Singapur.

Diese Tatsache gehört zum Allgemeinwissen der meisten Menschen, so daß sie nicht extra erwähnt werden muß. Betrachten wir einmal folgendes Argument:

Herr Meier fährt einen Mercedes und hat eine Zweitwohnung in Monaco.

Daher: Herr Meier muß ziemlich wohlhabend sein.

Auch in diesem Argument werden Prämissen als selbstverständlich vorausgesetzt und nicht eigens erwähnt. Solche Prämissen könnten sein:

Wer einen teuren Wagen fährt und einen Zweitwohnsitz in einer teuren Stadt hat, der muß ziemlich wohlhabend sein.

Ein Mercedes ist ein ziemlich teures Auto. Monaco ist eine ziemlich teure Stadt.

2.5 Komplexe Realität

In vielen Überzeugungssituationen haben wir es nicht nur mit einzelnen Argumenten zu tun, sondern mit Argumentationsketten oder komplexen Argumenten. Da kann es zum Beispiel sein, daß eine Prämisse weiter begründet wird (siehe Claudias Argumentation in Beispiel 2-1) oder daß für eine Behauptung voneinander unabhängige Argumente angeführt werden. Claudia hätte zum Beispiel als weiteres, unabhängiges Argument bringen können: „Die Mitarbeiter scheuen Verantwortung, weil sie in ihrer Arbeitssituation bisher nie positive Modelle für die Delegation von Verantwortung erlebt haben.“ Claudia liefert also zwei voneinander unabhängige Gründe (Prämissen) zur Stützung ihres zentralen Standpunkts: 1. Die Mitarbeiter haben Angst vor der Freiheit, die mit der Übernahme von Verantwortung verbunden ist. 2. Die Mitarbeiter haben bisher nie positive Modelle für die Delegation von Verantwortung erlebt.

Empfehlungen für Ihre Argumentationspraxis

In komplexen Argumentationssituationen ist es wichtig, sich zuerst zu fragen: Wo liegt das Hauptargument? Was ist die wichtigste Behauptung?

Halten Sie sich nicht mit den Nebenargumenten auf, sondern konzentrieren Sie sich zunächst auf das Hauptargument!

2.6 Eine Frage des Typs

Die Prämissen in einem Argument stützen die Konklusion. Die Stützkraft der Prämissen kann sehr stark sein oder auch schwach. Ein entscheidender Faktor in einem Argument ist daher das Ausmaß, in dem die Prämissen die Konklusion stützen. Auf einer Skala von 100 bis 0 können die Prämissen die Konklusion zu 100% stützen oder gar nicht.

Wenn die Prämissen die Konklusion hundertprozentig stützen, dann folgt die Konklusion aus den Prämissen absolut zwingend. Solche Argumenttypen nennen wir **FullPower-Argumente** oder auch **logische Beweise**. In FullPower-Argumenten ist es logisch unmöglich, daß die Konklusion falsch ist, wenn die Prämissen wahr sind. Anders ausgedrückt: Unter der Annahme, daß die Prämissen wahr sind, muß die Konklusion in einem FullPower-Argument wahr sein. Das ist das entscheidende Definitionsmerkmal eines FullPower-Arguments.

Wenn die Prämissen die Konklusion mit einem gewissen Grad an Wahrscheinlichkeit stützen, dann sprechen wir von **HighPower-Argumenten** oder **starken Erfahrungsargumenten**. In HighPower-Argumenten machen die Prämissen eine Konklusion sehr wahrscheinlich, aber sie stützen sie nicht absolut zwingend.

Wenn die Konklusion durch die Prämissen nur schwach gestützt wird, dann nennen wir diese Argumente **LowPower-Argumente** oder **Plausibilitätsargumente**. In LowPower-Argumenten machen die Prämissen die Konklusion zumindest solange plausibel, solange es keine Gegenbeweise gibt. Die meisten der von uns im Alltag verwendeten Argumente sind LowPower-Argumente.

Es gibt also folgende Abstufung von grundlegenden Argumenttypen:

FullPower-Argumente	volle Stützung
HighPower-Argumente	starke Stützung
LowPower-Argumente	schwache Stützung

In diesem Buch werden wir Ihnen die wichtigsten Formen dieser verschiedenen Argumenttypen vorstellen, die Sie in Argumentationssituationen nutzen können oder die Ihnen in solchen Situationen begegnen. Im Grunde gibt es noch einen vierten Typ, obwohl es sich dabei um keinen echten Argumenttyp handelt. Die Rede ist von sogenannten **NoPower-Argumenten**. NoPower-Argumente sind auf der Skala von 0 bis 100 ganz unten angesiedelt. Hier stellen die Prämissen überhaupt keine Stütze für die Konklusion dar. Bei NoPower-Argumenten handelt es sich um Fehlschlüsse oder Argumentationstaktiken. Eine Vielzahl solcher Taktiken werden wir in einem eigenen Kapitel (Kapitel 5) behandeln.

2.7 Die Sache mit der Beweislast

Erinnern Sie sich an den Strafprozeß gegen den bekannten amerikanischen Footballspieler O. J. Simpson? Dieser Prozeß erlangte weltweite Aufmerksamkeit. Simpson war angeklagt, seine Frau und ihren Geliebten umgebracht zu haben. Die Staatsanwaltschaft versuchte die Konklusion nachzuweisen, daß Simpson der Mörder sei. Die Verteidigung vertrat den Standpunkt, daß Simpson unschuldig sei.

Sie wissen, daß in Strafprozessen das Motto gilt „in dubio pro reo". Dieses Motto ist in unserem Rechtssystem grundlegend. Ein Angeklagter gilt solange als unschuldig, solange seine Schuld nicht schlüssig nachgewiesen ist. Das bedeutet, die **Beweislast** liegt auf seiten der Staatsanwälte. Sie müssen Beweise für die Konklusion liefern, daß der Angeklagte die ihm zur Last gelegte Tat tatsächlich begangen hat.

Wenn wir argumentieren und andere Menschen zu überzeugen versuchen, spielt die Beweislast eine wichtige Rolle. Im Grunde gilt: Jeder, der eine Behauptung aufstellt, die vom Gesprächspartner bezweifelt oder vielleicht sogar bestritten wird, trägt die Beweislast. Er hat die Verpflichtung zu begründen, warum seine Behauptung richtig ist oder warum man sie akzeptieren sollte.

Die Beweislast ist oft unterschiedlich verteilt. Wie sie verteilt ist, hängt von der jeweiligen Argumentationssituation und vom Gesprächskontext ab.

■ ***Beispiel 2-6***

Petra hat die feste Überzeugung, daß positives Denken zu einem erfolgreichen Leben führt. Franz kann mit dem Begriff „positives Denken" nicht viel anfangen. Er stellt Petra daher eine Reihe kritischer Fragen, durch die er herausfinden möchte, was Petra eigentlich unter „positivem Denken" versteht und inwiefern positives Denken zu einem erfolgreichen Leben führt. ■

Petra vertritt die Ansicht, daß positives Denken ein erfolgreiches Leben zur Folge hat. Franz will diese Ansicht nicht einfach so übernehmen. In dieser Situation ist Petra aufgefordert zu begründen, warum man ihrer These zustimmen sollte. Die Beweislast liegt auf ihrer Seite und nicht auf der von Franz. Dieser stellt nur kritische Fragen in bezug auf Petras These. Er hat keinen festen Standpunkt zum Thema „Positives Denken". Franz enthält sich einer Meinung. In diesem Fall liegt eine **asymmetrische Dialogsituation** vor. Petra trägt allein die Beweislast, Franz kann sich ganz darauf zurückziehen, kritische Fragen zu stellen. Er hat keine Verpflichtung, irgendeine These zu begründen. Es gibt jedoch auch Argumentationssituationen, in denen die Beweislast gleichmäßig verteilt ist. In solchen Fällen sprechen wir von einer **symmetrischen Dialogsituation**.

■ ***Beispiel 2-7***

Ludwig und Karin gehören zum strategischen Stab des Unternehmens RapidSell. RapidSell ist eine erfolgreiche Einzelhandelskette, die Produkte des täglichen Bedarfs zu sehr günstigen Preisen anbietet. Ludwig ist der Meinung, daß RapidSell weiter diversifizieren sollte, um sich andere Märkte zu erschließen. Karin ist der Meinung, daß man sich im Gegenteil auf die Kerngeschäfte konzentrieren und Unternehmensteile, die nicht zur Kernkompetenz von RapidSell gehören, abstoßen sollte. ■

In diesem Beispiel ist die Beweislast gleichmäßig verteilt. Sowohl Ludwig als auch Karin haben die Verpflichtung, ihre Konklusionen (Standpunkte) zu begründen. Beide tragen die Beweislast. Beide sind verpflichtet, **Defensivstrategien** zu entwickeln, das heißt Begründungen für Ihre Thesen zu liefern, die auf Prämissen aufbauen, die der Gesprächspartner akzeptiert. Im Laufe der Diskussion können sie jedoch auch **Offensivstrategien** anwenden, indem sie die Argumente des Gesprächspartners in Zweifel ziehen.

Ist immer klar, wie die Beweislast verteilt ist? Nein, leider nicht. Es ist stark von der Situation abhängig, in der man sich befindet. Allgemein kann man sagen, daß die Beweislast immer auf seiten dessen liegt, der etwas verändern möchte, eine neue Idee einbringen will, der etwas behauptet, was gegen landläufige Überzeugungen spricht oder der etwas behauptet, das ein großes Risiko in sich trägt.

■ ***Beispiel 2-8***

Familie Huber fährt in den Urlaub. Alle sitzen startbereit im Auto. Herr Huber sagt zu seiner Frau: *„Ich glaube, wir haben die Hintertür nicht abgeschlossen." „Ich denke schon. Das machst du doch immer"*, erwidert Frau Huber. ■

Herr Huber ist der Meinung, daß die Hintertür nicht abgeschlossen sei, Frau Huber ist vom Gegenteil überzeugt. In dieser Situation liegt die Beweislast auf der Behauptung, die Tür sei abgeschlossen. Denn das Risiko, daß sie offen sein könnte, ist zu groß. Also müßte Frau Huber jetzt einen guten Grund nennen, der belegt, daß die Tür tatsächlich abgeschlossen ist. Auch im folgenden Beispiel liegt die Beweislast nur auf einer Seite:

■ ***Beispiel 2-9***

Die Marketingabteilung von ErgoTeck trifft sich zu ihrem wöchentlichen Meeting. Birgit erklärt, daß es sinnvoll sein könnte, die laufende Werbekampagne noch einmal zu überdenken, weil die Konkurrenz eine neue, aggressivere Werbestrategie entwickelt. ■

In diesem Fall macht Birgit einen Vorschlag, der die laufende Werbekampagne ändern würde. Deshalb liegt die Beweislast bei ihr. Will sie ihre Sache zur Geltung bringen, muß sie ihre Kollegen davon überzeugen, daß eine neue Kampagne gestartet werden müßte.

Empfehlungen für Ihre Argumentationspraxis:

Die Beweislast ist einer Ihrer wichtigsten Verbündeten. Stellen Sie sich prinzipiell die Frage: **Auf wessen Seite liegt (eigentlich) die Beweislast?** Wenn klar ist, daß die Beweislast auf der Seite Ihres Gesprächspartners liegt, können Sie sich ganz auf die Position des kritischen Fragenstellers zurückziehen. Sie können die **Offensivstrategie** wählen, die Argumente Ihres Gesprächspartners kritisch zu durchleuchten, indem Sie etwa die Korrektheit seiner Argumente oder die Plausibiltät seiner Prämissen in Frage stellen. Ihr Gesprächspartner ist dann durch die Beweislastverteilung gezwungen, seine Behauptung zu begründen. Er muß eine **Defensivstrategie** verfolgen, das heißt, er muß seine Konklusion verteidigen. Wenn die Beweislast auf der Seite Ihres Gesprächspartners liegt, sollten Sie diese Trumpfkarte ausspielen. Es wäre ein taktischer Fehler, wenn Sie sich die Beweislast aufbürden würden. Denn dann wären Sie sofort in die Defensive gedrängt.

Dies wird in folgendem Beispiel deutlich:

■ ***Beispiel 2-10***

Johann: *Die geplante Steuerreform würde zu einer spürbaren Erhöhung der Neuinvestitionen führen.*
Max: *Da habe ich, ehrlich gesagt, meine Zweifel.*
Johann: *Dann beweisen Sie mir doch das Gegenteil!*

Johann versucht eindeutig, die Beweislast zu verschieben. Das ist eine sehr beliebte Taktik, um sich der Begründungspflicht zu entledigen. Es wäre nun ein Fehler, wenn Max sich die Beweislast aufbürden ließe. Damit würde er sich sofort in der Defensive befinden. Wenn es ihm nicht gelingt, wirklich starke Argumente zu liefern, könnte Johann das gnadenlos ausnützen. Aber Max erkennt die Taktik und gibt deshalb folgende Antwort:

Max: *Johann, die Beweislast liegt auf Ihrer Seite. Sie haben behauptet, daß die geplante Steuerreform zu einer spürbaren Erhöhung der Neuinvesititionen führt. Wie begründen Sie denn Ihren Standpunkt?* ■

3 FullPower-Argumente: Die Kraft der logischen Beweise

Die stärkste Form von Argumenten, die Sie nutzen können, sind logische Beweise, oder wie wir sie in diesem Buch nennen, **FullPower-Argumente**. **FullPower-Argumente** stützen die Konklusion hundertprozentig. Das heißt: In einem **FullPower-Argument** ist es logisch unmöglich, daß die Konklusion falsch ist, wenn die Prämissen wahr sind. Anders ausgedrückt: Wenn die Prämissen wahr sind, dann muß die Konklusion wahr sein. Das ist das entscheidende **Kriterium** für ein FullPower-Argument.

Hier gleich ein klassisches Beispiel (das Lieblingsbeispiel in Logik-Büchern) für ein **FullPower-Argument**:

> Alle Menschen sind sterblich.
> Sokrates ist ein Mensch.
> ___
> Daher: Sokrates ist sterblich.

In diesem Argument können wir erkennen, daß die Konklusion irgendwie in den Prämissen „steckt". Was heißt das? Die erste Prämisse ist eine strikte Verallgemeinerung. Sie gibt uns die Information, daß alle Exemplare einer bestimmten Menge – hier der Menge der Menschen – sterblich sind. Die zweite Prämisse gibt uns die Auskunft, daß Sokrates zu dieser Menge der Menschen gehört. Die Konklusion fügt nun die Informationen zusammen, die uns in den beiden Prämissen getrennt gegeben werden. Durch die Konklusion wird somit kein neuer Bedeutungsinhalt eingeführt, der nicht schon in den Prämissen enthalten wäre. Die Konklusion läßt sich auf rein logischem Wege aus den Prämissen ableiten. Diese Ableitung fördert eine Information zu Tage, die in den Prämissen schon enthalten ist. Insofern „steckt" die Konklusion in den Prämissen. Kurz: wenn die Prämissen wahr sind, dann muß auch die Konklusion wahr sein.

Was haben **FullPower-Argumente** dann für einen Sinn, wenn sie uns im Grunde keine neuen Informationen liefern? Es würde doch genügen, einfach die Prämissen eines Arguments anzuführen und dem Hörer die Konklusion selbst zu überlassen. Leider genügt das in vielen Fällen gerade nicht. Denn zum einen ist nicht immer so deutlich, daß die Konklusion auf rein logischem Weg aus den Prämissen folgt. Zum andern liefert uns die Konklusion oft eine neue Information, weil wir einfach nicht erkannt haben, inwiefern diese Konklusion schon in den Prämissen enthalten ist. Das ist besonders dann der Fall, wenn die Argumente nicht eine so einfache Struktur haben wie unser „Sokrates-Beispiel", sondern komplexer sind – wie im folgenden Beispiel:

■ ***Beispiel 3-1***

Der Geschäftsführer der XXL Company argumentiert vor dem versammelten Leitungskreis:

„Nur wenn wir es schaffen, daß alle Abteilungen intensiv zusammenarbeiten, werden wir unser Jahresziel, den Umsatz um 10 % zu steigern, erreichen können. Wenn wir andererseits dieses Umsatzziel nicht erreichen, kann es sein, daß unsere Geldgeber uns kein frisches Kapital für die Investitionen im nächsten Jahr zur Verfügung stellen. Wir sollten also damit rechnen, daß uns nächstes Jahr kein frisches Kapital zur Verfügung steht, wenn die Zusammenarbeit nicht wirklich entscheidend verbessert werden kann." ■

Dieses Argument ist schon wesentlich komplexer; seine Struktur ist auf Anhieb nicht leicht zu erkennen. Es ist ein FullPower-Argument und hat folgende gültige Form:

Wenn wir es nicht schaffen, daß alle Abteilungen intensiv zusammenarbeiten, werden wir unser Umsatzziel nicht erreichen.

Wenn wir unser Umsatzziel nicht erreichen, werden unsere Kapitalgeber uns möglicherweise kein frisches Kapital für unsere Investitionen zur Verfügung stellen.

Daher: Wenn die Zusammenarbeit nicht wirklich entscheidend verbessert werden kann, dann müssen wir damit rechnen, daß wir kein frisches Kapital bekommen.

Dieses Argument ist ein logischer Beweis. Es hat die Form einer sogenannten Schlußkette. Wie Schlußketten genau funktionieren, erklären wir in Abschnitt 3.3. Im Moment dient uns das Beispiel nur zur Illustration des Sachverhaltes, daß komplexere FullPower-Argumente ihre Struktur nicht so leicht offenbaren.

FullPower-Argumente sind immer gültig. Sie verlieren ihre Gültigkeit nicht, wenn zusätzliche Informationen eingefügt werden. Wenn wir im „Sokrates-Beispiel" noch die Prämissen hinzunehmen würden: „Sokrates ist ein griechischer Philosoph" und „Viele Menschen sind Autofahrer", so ändert sich dadurch nichts an der Gültigkeit des Arguments. Das ist wichtig; wir werden nämlich später bei High- und Low-Power-Argumenten sehen, daß dort zusätzliche Informationen sehr wohl die Korrektheit des Arguments beeinflussen können.

Es gibt einige sprachliche Signale für **FullPower-Argumente**.

Zu diesen Signalen gehören Ausdrücke wie
muß
notwendigerweise
daraus folgt zwingend
daraus läßt sich ableiten
daher muß es der Fall sein, daß ...
mit Sicherheit
unvermeidlich

Wir werden Ihnen jetzt einige Formen von **FullPower-Argumenten** vorstellen. Diese Argumentformen sind sehr nützlich, wenn man seine Argumentation absolut wasserdicht machen möchte. Bei der Anwendung dieser Argumentformen sollten Sie darauf achten, daß der Gesprächspartner auch erkennt, daß es sich bei Ihrem Argument um einen logischen Beweis handelt. Denn das unterstützt auch die psychologische Überzeugungskraft von FullPower-Argumenten. Am besten erreichen Sie das dadurch, daß Sie die Struktur des Arguments deutlich machen und klassische Signalwörter (aus unserer Liste) benutzen, die andeuten, daß es sich um ein **FullPower-Argument** handelt.

3.1 Ja-zu-den-Bedingungen, Nein-zu-den-Konsequenzen

In **FullPower-Argumenten** kommt immer wieder eine wichtige Aussageart vor, und zwar sogenannte **Wenn-dann-Aussagen**. Es ist hilfreich, wenn wir uns kurz mit diesen Aussagen beschäftigen. Denn es gibt ein paar interessante Dinge darüber zu erfahren, die wir uns normalerweise nicht bewußt machen. Im Anschluß daran werden wir sehen, wie man Wenn-dann-Aussagen wirkungsvoll in FullPower-Argumenten einsetzen kann.

Eine Wenn-dann-Aussage besteht aus zwei Teilen, einem Wenn-Teil und einem Dann-Teil. Der **Wenn-Teil** heißt auch **Antecedens** (oder Bedingungsteil), und der **Dann-Teil** heißt **Konsequens** (oder Konsequenz-Teil). Im Wenn-Teil wird eine Bedingung beschrieben, die, wenn sie erfüllt ist, dazu führt, daß das, was im Dann-Teil beschrieben wird, eintritt. Allgemein haben solche Aussagen die Form:

Wenn A, dann B

Die Buchstaben „A“ und „B“ stehen für beliebige Aussagen, die wir in dieses Schema einsetzen können. Typische Beispiele für Wenn-dann-Aussagen sind:

Wenn die Zinsen steigen, dann sinken die Aktienkurse.
Wenn heute Dienstag ist, dann ist morgen Mittwoch.
Wenn er nicht zurückruft, dann hat er kein Interesse.
Wenn ich die Butter in die Sonne lege, dann schmilzt sie.
Wenn Jan Ulrich die letzte Etappe gewinnt, dann ist er Sieger der Tour de France.

Wir benutzen Wenn-dann-Aussagen, um verschiedene Arten von Beziehungen auszudrücken, die zwischen dem Bedingungsteil und dem Konsequenzteil bestehen. Das kann eine **logische** Beziehung sein. Zum Beispiel: „Wenn die Zahl 2 mit der Zahl 5 multipliziert wird, dann ergibt das die Zahl 10." Das kann auch eine **definitorische** Beziehung sein. Zum Beispiel: „Wenn Max ein Junggeselle ist, dann ist er unverheiratet." Oder eine **Regel** kann beschrieben werden. Zum Beispiel: „Wenn du den König schachmatt setzen willst, mußt du die Dame ziehen."

Hinreichende und notwendige Bedingungen

Meistens benutzen wir Wenn-dann-Aussagen aber, um **Kausalbeziehungen** auszudrücken. Die im Wenn-Teil beschriebene Bedingung ist dann die Ursache für das Ereignis oder die Tatsache, die im Konsequenz-Teil beschrieben wird. Das können wir auch so ausdrücken: In der Aussage „wenn A, dann B" ist A eine **hinreichende Bedingung** für das Eintreten von Ereignis B.

Nehmen wir als Beispiel den Wenn-dann-Satz „Wenn die Zinsen steigen, dann sinken die Aktienkurse". Das Steigen der Zinsen ist eine hinreichende Bedingung dafür, daß die Aktienkurse sinken. Allerdings ist das Steigen der Zinsen nicht der einzige Grund dafür, daß die Aktienkurse sinken können. Es trifft also nicht zu, daß die Aktienkurse **nur** sinken, **wenn** die Zinsen steigen. Anders ausgedrückt: Das Steigen der Zinsen ist keine **notwendige Bedingung** dafür, daß die Aktienkurse sinken.

Was wäre ein Beispiel für eine notwendige Bedingung?

„Nur wenn es mehr Verkäufer als Käufer gibt, dann sinken die Aktienkurse."

Daß es mehr Verkäufer als Käufer gibt, ist eine notwendige Bedingung dafür, daß die Aktienkurse sinken.

Ein anderes Beispiel

„Nur wenn wir uns heute über den Preis einigen, kann morgen das Projekt beginnen."
Ohne eine Einigung über den Preis kann also das Projekt nicht starten. Die Einigung ist eine notwendige Bedingung. Diese Aussage hat die gleiche Bedeutung wie die folgende:

„Wenn wir uns heute über den Preis nicht einigen, können wir morgen mit dem Projekt nicht beginnen."

Dieser Satz hat die Form

Wenn nicht A, dann nicht B

Ein Wenn-dann-Satz dieser Form formuliert also eine **notwendige Bedingung.** A ist eine notwendige Bedingung für das Eintreten von B, und wenn A nicht der Fall ist, dann ist auch B nicht der Fall.

> Exkurs:
> Übrigens lassen sich Wenn-dann-Sätze auf überraschende Weise umkehren, ohne daß sich dadurch die Bedeutung ändert:
>
> Der Satz „Wenn A, dann B" kann umgekehrt werden zu „Wenn nicht B, dann nicht A"
>
> *„Wenn die Zinsen steigen, dann sinken die Aktienkurse" kann umgekehrt werden zu „Wenn die Aktienkurse nicht sinken, dann steigen auch die Zinsen nicht". Dieser Satz ist wiederum gleichbedeutend mit „Nur wenn die Aktienkurse sinken, dann steigen die Zinsen."*

Das Sinken der Aktienkurse ist somit eine notwendige Bedingung für das Steigen der Zinsen.

Wenn-dann-Aussagen kommen in unserer Alltagssprache in unterschiedlicher Form vor. Zum Beispiel kann die Aussage „Wenn wir zügig die Umstrukturierungen vornehmen, dann werden wir wettbewerbsfähiger" auch so formuliert werden:

Erste Variante: Wir werden wettbewerbsfähiger, wenn wir zügig die Umstrukturierungen vornehmen.

Zweite Variante: Sollten wir die Umstrukturierungen zügig vornehmen, werden wir auch wettbewerbsfähiger.

Dritte Variante: Durch die zügigen Umstrukturierungen werden wir wettbewerbsfähiger.

In der letzten Variante scheint überhaupt kein „wenn-dann" mehr vorzukommen. Aber das ist nur oberflächlich betrachtet so. In Wirklichkeit geht es um eine Kausalbeziehung, und das können wir auch immer durch einen Wenn-dann-Satz ausdrücken.

Das Ja-zur-Bedingung-Argument

Rita und Hans sind ziemlich nervös. Es ist ihr Hochzeitstag, und das Hochzeitsauto fehlt, weil Georg noch nicht aufgetaucht ist. Lisa, Ritas beste Freundin, beruhigt die beiden: „Wenn Georg etwas verspricht, dann hält er es auch. Gestern hat er noch zu allen gesagt, daß er pünktlich mit dem Auto hier sein wird. Er taucht daher bestimmt gleich auf. Macht Euch keine Sorgen!"

Lisa benutzt ein FullPower-Argument, um Hans und Rita davon zu überzeugen, daß sie sich keine Sorgen zu machen brauchen. Ihre Konklusion ist, daß Georg mit Sicherheit gleich auftaucht. Die Prämissen, die sie benutzt, sind: 1. Wenn Georg etwas verspricht, dann hält er es auch. 2. Georg hat gestern zu allen gesagt, daß er pünktlich erscheinen werde.

Das von Lisa benutzte Argument heißt „Argument der hinreichenden Bedingung“ oder **Ja-zur-Bedingung-Argument**. Es hat folgende Form:

Wenn A, dann B
A

Daher: B

Woher kommt dieser seltsame Name Ja-zur-Bedingung-Argument? Sehen Sie sich unser Schema bitte noch einmal genauer an. Da wird in der ersten Prämisse eine Wenn-dann-Aussage formuliert. Die zweite Prämisse besagt, daß die Bedingung (Wenn-Teil) des Wenn-dann-Satzes der Fall ist. Die zweite Prämisse bejaht also den Wenn-Teil der ersten Prämisse. Aus dieser Bejahung der Bedingung kann man schließen, daß auch der Dann-Teil, also die Konsequenz, der Fall sein muß. Daher also der Name Ja-zur-Bedingung-Argument. Dieses Argument ist immer gültig, egal was wir für „A“ und „B“ einsetzen. Lisas Argument könnten wir so darstellen:

Wenn Georg etwas verspricht, dann hält er es auch.

Georg hat gestern zu allen gesagt, daß er pünktlich erscheinen werde. (Er hat also etwas versprochen.)

Daher: Georg wird bestimmt pünktlich erscheinen. (Er hält, was er verspricht.)

Im folgenden Beispiel ist das Schema noch deutlicher zu erkennen:

Wenn Jan Ulrich die letzte Etappe gewinnt, ist er der Sieger der Tour de France.

Jan Ulrich gewinnt die letzte Etappe.

Daher: Jan Ulrich ist der Sieger der Tour de France.

Dieses Argument ist nach unserem Schema gebildet worden. Für „A“ wurde die Aussage „Jan Ulrich gewinnt die letzte Etappe“ und für „B“ wurde die Aussage „Jan Ulrich ist der Sieger der Tour de France“ eingesetzt. Die erste Prämisse sagt aus, daß, wenn Jan Ulrich die letzte Etappe gewinnt, er der Sieger der Tour de France ist. Zusammen mit der zweiten Prämisse (Jan Ulrich gewinnt die letzte Etappe) kann daraus abgeleitet werden, daß Jan Ulrich der Sieger der Tour de France ist.

Auch folgendes Beispiel stellt ein – umgangssprachlich formuliertes – Ja-zur-Bedingung-Argument dar:

■ ***Beispiel***

Cornelia zu ihrer Kollegin: „*Wenn Meier den Vertrag unterzeichnet, dann ist unsere Auftragslage für dieses Jahr gerettet. Alles deutet darauf hin, daß er morgen unterschreibt. Damit sind wir für dieses Jahr aus dem Schneider.* “ ■

Cornelias Argument können wir nach dem Schema eines Ja-zur-Bedingung-Arguments darstellen:

Wenn Meier den Vertrag unterzeichnet, dann ist unsere Auftragslage für dieses Jahr gerettet.
Alles deutet darauf hin, daß er morgen unterschreibt.

Daher: Wir sind für dieses Jahr aus dem Schneider. (Das heißt: die Auftragslage ist gerettet.)

Empfehlungen für Ihre Argumentationspraxis

Ein Ja-zur-Bedingung-Argument setzen Sie ein, wenn Sie klarmachen möchten, daß ein Ereignis mit Sicherheit ein anderes zur Folge haben wird. Sie benutzen es also, wenn Sie auf bestimmte Folgen aufmerksam machen möchten. Sie formulieren dazu erst den Wenn-dann-Satz, erklären, daß der Bedingungsteil besteht und leiten daraus den Konsequenzteil als Folge ab. Natürlich hängt die Überzeugungskraft Ihres

Ja-zur-Bedingung-Arguments davon ab, wie plausibel Ihre Prämissen sind. Insbesondere ist die Prämisse wichtig, die als Wenn-dann-Aussage formuliert wird. Sie sollten daher genau prüfen, ob die in der Wenn-dann-Aussage formulierte Beziehung wirklich gilt.

Das Nein-zur-Konsequenz-Argument

In der Kabine des FC Unterbach herrscht gespannte Konzentration. Das Lokalderby gegen den SV Oberbach ist wie jedes Jahr einer der Höhepunkte im Fußballerleben der Unterbacher. Würde man die Oberbacher nach mehr als zehn Jahren endlich einmal besiegen können? Die letzten Feinheiten der Mannschaftsaufstellung werden besprochen. „Die Oberbacher werden wahrscheinlich wieder mit einer sehr offensiven Aufstellung spielen. Genau wie in den letzten Jahren“, erklärt Kurt, der Tormann. Doch der Trainer verbessert ihn: „Das glaube ich nicht. Die werden sich heute hinten reinstellen und auf Konter lauern. Wenn die Oberbacher wirklich offensiv ausgerichtet wären, würden Sie mit mehr als einem Angreifer spielen. Ich habe aber gerade gehört, daß sie heute nur eine echte Spitze haben.“

Der Trainer der Unterbacher benutzt ein FullPower-Argument. Es hat den Namen „Argument der notwendigen Bedingung“ oder **Nein-zur-Konsequenz-Argument**. Die Konklusion des Trainers ist, daß die Oberbacher sich im heutigen Spiel hinten reinstellen und auf Konter lauern werden. Seine Prämissen lauten: 1. Wenn die Oberbacher wirklich offensiv ausgerichtet wären, würden Sie mit mehr als einem Angreifer spielen. 2. Die Oberbacher spielen nur mit einer echten Spitze. Das Nein-zur-Konsequenz-Argument hat folgende Form:

Wenn A, dann B
nicht B

Daher: nicht A

Raten Sie mal, wie hier der Name „Nein-zur-Konsequenz“ wohl zustandekommt? Auch das Nein-zur-Konsequenz-Argument ist ein logisch gültiges FullPower-Argument. Das Argument des Unterbacher Trainers können wir in diesem Schema abbilden:

Wenn die Oberbacher wirklich offensiv ausgerichtet wären, würden Sie mit mehr als einem Angreifer spielen.

Die Oberbacher spielen nur mit einer echten Spitze. (Das heißt, sie spielen nicht mit mehr als einem Angreifer.)

Daher: Die Oberbacher stellen sich hinten rein und lauern auf Konter. (Die Oberbacher sind nicht offensiv ausgerichtet.)

Um dieses Argumentschema noch deutlicher zu unterstreichen, bringen wir wieder ein Beispiel mit Radprofi Jan Ulrich:

Wenn Jan Ulrich die letzte Etappe gewinnt, ist er der Sieger der Tour de France.

Jan Ulrich ist nicht Sieger der Tour de France.

Daher: Jan Ulrich hat die letzte Etappe nicht gewonnen.

Dieses Argument ist nach dem Schema für Nein-zur-Konsequenz-Argumente gebildet. Die erste Prämisse besagt, daß, wenn Jan Ulrich die letzte Etappe gewinnt, er der Sieger der Tour de France ist. Die zweite Prämisse klärt uns darüber auf, daß Jan Ulrich nicht der Sieger der Tour de France ist. Zusammen mit der ersten Prämisse kann daraus nur folgen, daß er die letzte Etappe nicht gewonnen hat.

■ ***Beispiel***

Konrad bei einer Besprechung in seinem Team: „*Offensichtlich fehlen noch einige Daten und Fakten. Denn wenn alle Daten auf dem Tisch wären, würde Meier auch unterschreiben. Aber er hat mir gegenüber geäußert, daß er noch nicht bereit ist zu unterschreiben.*“ ■

Wie sieht Konrads Argument, schematisch dargestellt, genau aus?

Wenn alle Daten auf dem Tisch wären, würde Meier auch unterschreiben.

Meier ist noch nicht bereit zu unterschreiben. (Das hat er mir gegenüber geäußert.)

Daher: Es fehlen noch Daten und Fakten.

Konrads erste Prämisse ist eine Wenn-dann-Aussage. In der zweiten Prämisse verneint er den Konsequenzteil der Wenn-dann-Aussage. Zusammen mit der ersten Prämisse kann daraus die verneinte Form des Bedingungsteils abgeleitet werden.

Im folgenden Fall haben wir ein noch verzwickteres Beispiel für ein Nein-zur-Konsequenz-Argument gefunden. Können Sie in diesem Beispiel das Nein-zur-Konsequenz-Argument rekonstruieren? Eine Auflösung dieses Beispiels finden Sie am Ende des Kapitels.

Beispiel

In einem Zeitungsbericht geht es um einen Fall, in dem ein Landtagsabgeordneter einer Straftat beschuldigt wird: *„Der Staatsanwalt erklärte, daß im Moment nur noch die Aufhebung der Immunität Probleme bereite. Das heißt, es muß gegen den Abgeordneten ein Ermittlungsverfahren eingeleitet worden sein. Denn die Immunität wird nur aufgehoben, wenn der begründete Verdacht einer Straftat vorliegt."*

Empfehlungen für Ihre Argumentationspraxis

Nein-zur-Konsequenz-Argumente könnte Sie am besten einsetzen, wenn Sie eine bestimmte Aussage als Möglichkeit ausschließen oder widerlegen möchten. Sie zeigen, daß, wenn die Aussage zutreffen würde, eine andere Sache daraus folgen müßte (Konsequenzteil der wenn-dann-Aussage). Dann weisen Sie darauf hin, daß diese Sache nicht vorliegt. Daraus schließen Sie letztendlich, daß die ursprüngliche Aussage nicht zutreffen kann. Der Unterbacher Trainer schloß auf diese

Weise die Aussage aus, daß die Oberbacher eine offensive Aufstellung wählen werden.

Sollbruchstelle Ihres Nein-zur-Konsequenz-Arguments ist natürlich wieder die entscheidende Prämisse, die als Wenn-dann-Aussage formuliert ist. Sie sollte plausibel sein.

Zwei logische Fehlschlüsse

Mit diesen beiden Argumentformen (Ja-zur-Bedingung, Nein-zur-Konsequenz) sind auch zwei wichtige logische Fehlschlüsse verbunden. Diese Fehlschlüsse sehen ähnlich aus wie die gerade betrachteten FullPower-Argumente. Der erste Fehlschluß entsteht, wenn man hinreichende mit notwendigen Bedingungen verwechselt, beziehungsweise, wenn man die Bedingung verneint. Deshalb nennen wir diesen Fehlschluß auch **Nein-zur-Bedingung-Fehlschluß**. Er hat folgende Gestalt:

Wenn A, dann B
nicht A

Daher: nicht B

Diesen Fehlschluß können wir an unserem „Tour de France-Beispiel" illustrieren. Zuvor möchten wir Ihnen ein paar Erläuterungen geben, falls Sie kein Radsportexperte sind. Das wird Ihnen helfen, das Beispiel besser zu verstehen: Die Tour de France, das größte und wichtigste Radrennen der Welt, läuft in mehreren Etappen ab. Zwar wird jede Etappe für die Fahrer einzeln gewertet, aber Gesamtsieger der Tour ist, wer am Ende mit der schnellsten Zeit alle Etappen (Zeitsumme aller Etappen) durchfahren hat. Damit zu unserem Beispiel:

Wenn Jan Ulrich die letzte Etappe gewinnt, ist er der Sieger der Tour de France.

Jan Ulrich gewinnt die letzte Etappe nicht.

Daher: Jan Ulrich ist nicht der Sieger der Tour de France.

Diese Konklusion folgt nicht zwingend aus den Prämissen. Es könnte nämlich der Fall sein, daß die Prämissen zwar wahr sind, Jan Ulrich aber trotzdem der Sieger der Tour de France ist. Dieser Fall könnte dann eintreten, wenn er bei der letzten Etappe mit genügend Vorsprung vor seinen schärfsten Konkurrenten ankommt.

Was ist schiefgelaufen? Dieses Argument ist ein Fehlschluß, weil man für ein bestimmtes Ereignis nur eine einzige Ursache identifiziert. Man übersieht dabei, daß es mehrere Möglichkeiten geben kann, warum ein Ereignis eintritt. In diesem fehlerhaften Argument ist man nur auf eine Ursache fixiert.

Dieser Fehlschluß wird manchmal begangen, wenn man Pläne für die Zukunft schmiedet. Dabei glaubt man, daß man nur einige Dinge zu ändern braucht, die negative Folgen haben, um ein vermeintlich angenehmes Resultat zu erzielen:

Beispiel

Ludwig überlegt, wie er sein Leben gesünder gestalten könnte: *„Rauchen und Alkohol verkürzen meine Lebensspanne. Das steht fest. Ich sollte also einfach zu rauchen und zu trinken aufhören. Dann verlängere ich dadurch zwangsläufig mein Leben."*

Ludwig begeht leider einen Denkfehler. Wenn er zu rauchen und zu trinken aufhört, folgt daraus nicht zwingend, daß er sein Leben verlängert. Schon morgen könnte ihn ein Meteorit treffen. Ludwig unterläuft in diesem Beispiel der Nein-zur-Bedingung-Fehlschluß. Wir können ihn schematisch rekonstruieren:

Wenn ich rauche und trinke, dann verkürze ich meine Lebensspanne.

Ich sollte einfach zu rauchen und zu trinken aufhören.

Daher: Ich verlängere zwangsläufig mein Leben.

Auch im folgenden Beispiel können wir den Fehlschluß wiederentdecken:

Beispiel

Egon zu seinem Freund: *„Wenn wir die vielen gesetzlichen Bestimmungen beibehalten, hindern wir Unternehmen an Neuinvestitionen. Werfen wir die ganzen Gesetze doch über Bord! Unsere Unternehmen werden dann mit Sicherheit investieren."*

Auch Egons Argumentation ist fehlerhaft und folgt dem Schema des Nein-zur-Bedingung-Fehlschlusses:

Wenn wir die vielen gesetzlichen Bestimmungen beibehalten, hindern wir Unternehmen an Neuinvestitionen.

Wir werfen die Gesetze über Bord. (Verneinung des Bedingunsteils)

Daher: Unsere Unternehmen werden mit Sicherheit investieren.

Die Konklusion, daß die Unternehmen investieren werden, ergibt sich nicht zwingend aus den Prämissen. Denn obwohl die Prämissen alle wahr sein können, könnte es eine weitere Ursache geben, die Unternehmen daran hindert zu investieren. Zum Beispiel könnte eine allgemeine Wirtschaftskrise erwartet werden.

Der Nein-zur-Bedingung-Fehlschluß wird gern eingesetzt, wenn man Veränderungen verhindern möchte und für den Status quo plädiert. Das Publikum wird den Fehlschluß gar nicht bemerken, weil es zu sehr damit beschäftigt ist, sich die schlimmen Konsequenzen auszumalen, die der Argumentierende aufzeigt. Das möchte Helmut im nächsten Beispiel ausnutzen:

Beispiel

Helmut ist gegen eine geplante Umstrukturierung des Unternehmens, in dem er beschäftigt ist. Er äußert vor Kollegen: *„Wenn die neue Restrukturierung kommt, dann werden, wie schon in vielen anderen Unternehmen, Hunderte von Kollegen ihren Arbeitsplatz verlieren. Wir sollten die Umstrukturierungsmaßnahmen verhindern und so alle unsere Arbeitsplätze sichern.“*

Mag sein, daß Helmut seine Meinung durchsetzt und das ganze Unternehmen – ohne die Umstrukturierung – nach 12 Monaten schließen muß. Fehlschlüsse können unangenehme Konsequenzen haben!

Neben dem beschriebenen Nein-zur-Bedingung-Fehlschluß gibt es einen zweiten logischen Fehlschluß, den man häufig antreffen kann. Dieser entsteht, wenn man notwendige mit hinreichenden Bedingungen verwechselt, das heißt, wenn man die Konsequenz bejaht. Deshalb nennen wir ihn **Ja-zur-Konsequenz-Fehlschluß**. Er hat folgende Gestalt:

Wenn A, dann B
B
____
Daher: A

Zur Veranschaulichung betrachten wir wieder unser Radsport-Beispiel:

Wenn Jan Ulrich die letze Etappe gewinnt, ist er der Sieger der Tour de France.

Jan Ulrich ist der Sieger der Tour de France.

Daher: Jan Ulrich hat die letzte Etappe gewonnen.

Auch in diesem Beispiel kann die Konklusion falsch sein, obwohl die Prämissen wahr sind. Jan Ulrich kann als Sieger der Tour de France hervorgehen, obwohl er nur 12. der letzten Etappe ist – einfach weil er die letzte Etappe (nach Addition der Ergebnisse aller Etappen) mit genügend Zeitvorsprung auf seine Verfolger abschließt und diese so auf Distanz hält. Dieses Beispiel ist also kein FullPower-Argument. Es ist logisch möglich, daß die Konklusion falsch ist, obwohl die Prämissen wahr sind.

In diesem Fehlschluß wird übersehen, daß ein Ereignis mehr als eine Ursache haben kann. Der Fehlschluß wird manchmal auf geschickte Weise angewendet, wenn man jemandem unlautere Motive unterstellen möchte – so wie Lothar in unserem nächsten Fall:

Beispiel

Lothar zu seinem Anwalt: *„Maria ist nur auf das Erbe aus. Wir wissen ja, wie Leute sich verhalten, wenn sie scharf auf Geld sind. Und haben Sie gesehen, wie Maria sich gleich auf die chinesische Vase gestürzt hat?"*

In diesem Fall ist der Ja-zur-Konsequenz-Fehlschluß ziemlich gut versteckt. Wir rekonstruieren ihn auf folgende Weise:

Wenn Leute scharf auf Geld sind, dann zeigen sie bestimmte uns allen bekannte Verhaltensweisen.

Maria zeigt solche Verhaltensweisen. (Sie stürzte sich auf die chinesische Vase.)

Daher: Maria ist nur auf das Geld und damit auf das Erbe aus.

Aber aus den Prämissen folgt nicht zwingend, daß Maria nur auf das Geld und das Erbe aus ist. Vielleicht stellt die chinesische Vase für Maria nur ein sehr kostbares Erinnerungsstück dar.

Zum Schluß dieses Abschnitts wollen wir Ihnen noch einmal übersichtlich die zwei gültigen Argumentformen sowie die zwei besprochenen logischen Fehlschlüsse in einem Diagramm darstellen.

Gültige Argumentformen

Ja-zur-Bedingung-Argument	Nein-zur-Konsequenz-Argument
Wenn A, dann B	Wenn A, dann B
A	Nicht B
B	Nicht A

Logische Fehlschlüsse

Nein-zur-Bedingung-Fehlschluß	Ja-zur-Konsequenz-Fehlschluß
Wenn A, dann B	Wenn A, dann B
Nicht A	B
Nicht B	A

Abb: Zwei gültige Argumentformen und zwei logische Fehlschlüsse.

3.2 Entweder-oder

Die Anapurna-Expedition schien unmittelbar vor dem Aus zu stehen. Seit drei Tagen hing man fest, weil das katastrophale Wetter ein Weitergehen unmöglich machte. Was tun? Bob war der erfahrenste unter den zehn Expeditionsteilnehmern, seine Meinung war gefragt. „Ich glaube, wir haben im Grunde nur zwei Möglichkeiten", sagte Bob, „entweder wir warten bis das Wetter besser wird, oder wir kehren um. Da nicht zu erwarten ist, daß sich das Wetter in den nächsten Tagen entscheidend verbessert, sollten wir umkehren und die Expedition abbrechen."

In einigen Situationen werden uns Alternativen vorgestellt, aus denen wir auswählen können. In solchen Situationen finden oft **Entweder-oder-Argumente** Anwendung. Bob wählt ein solches Entweder-oder-Argument, um seine Kameraden davon zu überzeugen, umzukehren und die Expedition abzubrechen. Entweder-oder-Argumente sind Full-Power Argumente. Sie haben folgende logische Form:

Entweder A, oder B
nicht A

Daher: B

oder:

Entweder A, oder B
nicht B

Daher: A

Bobs Argument für den Abbruch der Expedition können wir in diesem Schema darstellen:

Entweder wir warten bis das Wetter besser wird, oder wir kehren um.

Es ist nicht zu erwarten, daß sich das Wetter in den nächsten Tagen entscheidend verbessert.

Daher: Wir sollten umkehren und die Expedition abbrechen.

Entweder-oder-Argumente sind gute Instrumente, wenn man eine Situation oder Handlungsalternativen präzise darstellen möchte. Bob hat dies in seinem Argument getan. Er hat klar beschrieben, welche prinzipiellen Möglichkeiten dem Expeditionsteam zur Verfügung stehen. Er sah nur zwei Alternativen als Lösungsmöglichkeiten für die Situation des Teams, und da die erste Handlungsoption nicht in Frage kam, blieb zwangsläufig nur die zweite übrig.

Entweder-oder-Argumente sind zwar FullPower-Argumente, aber manchmal wird der Fehler begangen, daß zu wenige Alternativen ausgewählt werden. Gibt es beispielsweise im Fall unserer Anapurna-Expedition keine weitere Alternative neben den angebotenen? Wäre es vielleicht möglich, die Expedition zu verlängern und einfach besseres Wetter abzuwarten?

Die Entweder-oder-Prämisse trägt also ein großes Gewicht. Bei der Prüfung dieses Arguments sollte man daher fragen, ob es nicht noch weitere Optionen gibt, ob also wirklich alle Alternativen ausgeschöpft wurden. Entweder-oder-Argumente bergen die Gefahr des **Schwarz-Weiß-Denkens**. Sie können das eigene Denken blockieren. Genau das passiert im folgenden Fall:

■ ***Beispiel***

Herbert arbeitet in der Vertriebsabteilung der Baldwin AG, die Büromöbel produziert. Er kommt mit den Leuten in seiner Abteilung nicht besonders gut zurecht. Viele halten ihn für einen Eigenbrötler und Sonderling. Irene, eine Gruppenleiterin, unterhält sich mit Eva, der Vertriebsleiterin, über Herbert. Irene sagt: *„Wir haben der Sache mit Herbert, glaube ich, lange genug zugesehen. Wir sollten da eine Entscheidung treffen. Ich sehe eigentlich nur zwei Möglichkeiten. Entweder er integriert sich ins Team, oder er sollte das Unternehmen verlassen. Da ich mir überhaupt nicht vorstellen kann, daß Herbert sich je in das Team einfügen wird, sollten wir ihm nahelegen, aus unserem Unternehmen auszuscheiden.“* ■

Irene benutzt ein Entweder-Oder-Argument, um Eva davon zu überzeugen, Herbert zu entlassen. Der Form nach ist Irenes Argument logisch gültig. Der Schwachpunkt liegt in der entscheidenden Entweder-oder-Prämisse. Gibt es für Herbert wirklich nur die beiden von Irene genannten Alternativen? Wäre nicht auch die Möglichkeit vorstellbar, Herbert eine andere Aufgabe, vielleicht in einer anderen Abteilung, anzubieten? Irenes Argument ist genau an dieser Stelle wackelig und angreifbar.

Empfehlungen für Ihre Argumentationspraxis

Sie können Entweder-oder-Argumente geschickt einsetzen, wenn Sie die Lösungsmöglichkeiten oder Handlungsoptionen für eine Situation präzise erläutern möchten und dabei für eine bestimmte Lösung votieren. Achten Sie jedoch darauf, daß Ihre Entweder-oder-Prämisse die Lösungsalternativen wirklich erschöpfend beschreibt: Stehen wirklich nur die genannten sich ausschließenden Alternativen zur Verfügung? Sind die Möglichkeiten wirklich ausgeschöpft?

Damit ist auch angedeutet, wie Sie Entweder-oder-Argumente im Grunde immer angreifen können. Sie können diese Argumentform testen, indem Sie die zentrale Entweder-oder-Prämisse in Zweifel ziehen.

3.3 Elegante Schlußketten

Asti öffnet die Haustür. Sie ist geschafft von ihrem Arbeitstag. „Jetzt ein bißchen Entspannung", denkt sie. Sie macht es sich auf dem Sofa bequem, greift zur Fernbedienung und schaltet den Fernseher ein. Sie landet mitten in einer Talkshow. Ein Herr im grauen Anzug, Staatssekretär Blaumann – wie der Untertitel sagt – erläutert gerade, warum die Einführung des Euro so wichtig ist: „Durch die Einführung des Euro können die Unternehmen viel Geld sparen. Dieses ersparte Geld kann genutzt werden, um neue Arbeitsplätze zu schaffen. Die Einführung des Euro kann daher zu neuen Arbeitsplätzen führen."

Leider hat Asti die Konklusion Herrn Blaumanns, daß der Euro zu mehr Arbeitsplätzen führen wird, nicht mehr mitbekommen, weil sie in der Zwischenzeit eingeschlafen ist. An der Korrektheit des Arguments von Herrn Blaumann kann dies nicht gelegen haben. Denn Herr Blaumann hat eine gültige Argumentform benutzt, um seine Konklusion zu stützen. Dieser Argumentform geben wir den Namen **Schlußkette**. Eine **Schlußkette** ist ein einfaches, aber elegantes FullPower Argument. Es hat folgende Form:

Wenn A, dann B
Wenn B, dann C

Wenn A, dann C

Herrn Blaumanns Argument können wir nach diesem Schema auf folgende Weise rekonstruieren:

Wenn der Euro eingeführt wird, dann können die Unternehmen Geld sparen.

Wenn die Unternehmen Geld sparen können, können sie es investieren, um neue Arbeitsplätze zu schaffen.

Daher: Wenn der Euro eingeführt wird, dann können neue Arbeitsplätze geschaffen werden.

In diesem Argument folgt die Konklusion zwangsläufig aus den Prämissen. Eine Schlußkette dient besonders dazu, Zusammenhänge oder Verknüpfungen herzustellen. Herr Blaumann zum Beispiel nutzt diese Argumentform, um einen Zusammenhang zwischen der Einführung des Euro und der Schaffung von Arbeitsplätzen aufzuzeigen. Auch im nächsten Beispiel dient das Argument dazu, einen Zusammenhang klarzumachen:

Beispiel

Ein Diplomat zum Botschafter: „*Wenn wir die Verhandlungen jetzt abbrechen, dann wird es für längere Zeit keinen Kontakt mehr zwischen unseren Staaten geben. Das wird dazu führen, daß wir keinerlei Einfluß mehr auf die Regierung haben. Der Abbruch der Verhandlungen wird uns also jede Möglichkeit nehmen, Einfluß auszuüben.“* ■

Der Diplomat benutzt eine Schlußkette, um einen Zusammenhang zwischen dem Abbruch der Verhandlungen und dem Ende des Einflusses auf die fremde Regierung zu verdeutlichen. Dadurch kann der Diplomat veranschaulichen, welche weitreichenden Konsequenzen ein Verhandlungsabbruch haben wird.

Empfehlungen für Ihre Argumentationspraxis

Schlußketten können Sie nutzen, um längere Argumentketten aufzubauen und übersichtlich darzubieten. Diese Argumentform kann Ihnen dabei helfen, interessante Zusammenhänge aufzudecken oder wichtige Konsequenzen aufzuzeigen. Natürlich ist eine Schlußkette angreifbar, indem einzelne Prämissen bestritten werden. Wenn Sie daher eine Schlußkette benutzen, sollten Sie darauf achten, daß die Beziehungen, die in den Wenn-dann-Sätzen ausgedrückt werden, auch wirklich bestehen.

3.4 Welch ein Dilemma!

Franz möchte sich beruflich verändern. Er hat bereits ein konkretes Angebot der Firma SUNPRO, die von Franz rasch eine Antwort wünscht. Franz aber hat Aussicht auf ein noch besseres Angebot der Firma Starlog. Von Starlog jedoch hat er noch nichts gehört. Franz ist unsicher, was er tun soll, und stellt folgende Überlegung an, um seine Situation zu reflektieren: „Entweder nehme ich den Job bei SUNPRO an, oder ich warte auf die Zusage von Starlog. Das sind meine Möglichkeiten. Wenn ich den Job bei SUNPRO annehme, dann verpasse ich möglicherweise das bessere Angebot von Starlog. Wenn ich andererseits auf die Antwort von Starlog warte, dann bekomme ich vielleicht eine Ablehnung, und auch SUNPRO nimmt mich nicht mehr.

Also verpasse ich vielleicht ein besseres Angebot, oder ich warte umsonst und habe schließlich gar keinen Job."

Franz befindet sich offensichtlich in einer Dilemmasituation. Die Überlegung, die er anstellt, hat die Form eines logisch gültigen Arguments. Diese Argumentform nennen wir – was Sie kaum überraschen wird – **Dilemma**. Normalerweise stellen wir uns unter einem Dilemma eine Situation vor, in der jemand zwischen zwei Alternativen, die gleichermaßen unangenehme Folgen haben, wählen muß. Ein Dilemma ist im logischen Argumentieren aber eine gültige Argumentform, ist also ein FullPower Argument. Ein Dilemma hat folgende Gestalt:

Entweder A oder B
Wenn A, dann C
Wenn B, dann D

Daher: Entweder C oder D

Wir können die Überlegung von Franz leicht in Form eines Dilemmas darstellen:

Entweder nehme ich den Job bei SUNPRO an, oder ich warte auf die Zusage von Starlog.

Wenn ich den Job bei SUNPRO annehme, dann verpasse ich möglicherweise das bessere Angebot von Starlog.

Wenn ich auf die Antwort von Starlog warte, dann bekomme ich vielleicht eine Ablehnung, und auch SUNPRO nimmt mich nicht mehr.

Daher: Ich verpasse vielleicht ein besseres Angebot, oder ich warte umsonst und habe schließlich gar keinen Job.

Ein Dilemma ist eine geschickte Argumentform, um jemand von etwas abzuhalten. Im folgenden Beispiel versucht Peter seinen Freund davon abzubringen, seinen Job zu kündigen, und wählt dazu die Dilemma-Form.

■ ***Beispiel***

Klaus ist mit seiner Arbeit unzufrieden und möchte kündigen. Peter, ein guter Freund, versucht ihn davon abzuhalten: *„Kündigst du, hast du zwei Möglichkeiten. Entweder du suchst dir wieder eine Arbeit als Angestellter, oder du machst dich selbständig. Wenn du wieder als Angestellter arbeitest, dann wirst du über kurz oder lang wieder in die gleiche Situation wie jetzt geraten. Wenn du dich selbständig machst, wirst du mit so vielen Schwierigkeiten zu kämpfen haben, daß du auch unglücklich wirst. Letztendlich wirst du also nur in die gleiche Situation kommen wie jetzt oder noch unglücklicher werden. Du solltest dich daher lieber mit der gegenwärtigen Situation arrangieren.“* ■

Diese in Dilemma-Form vorgebrachten Überlegungen geben Klaus sicher zu denken. Die argumentative Form eines Dilemmas kann aber zum Glück nicht nur dazu verwendet werden, um negative Konsequenzen aufzuzeigen. Sie kann auch benutzt werden, um auf eine Auswahl von positiven Folgen aufmerksam zu machen. Tatsächlich könnte Klaus seinem Freund den Ball wirkungsvoll zurückspielen, indem er selbst ein Argument in Dilemma-Form konstruiert, das positive Konsequenzen enthält. Das könnte so aussehen:

■ ***Beispiel***

Klaus reagiert auf Peters Argument (obiges Beispiel):

„Du hast recht. Mir bleiben nur die Möglichkeiten, mich selbständig zu machen oder wieder bei einer neuen Firma als Angestellter unterzukommen. Wenn ich wieder als Angestellter in einer neuen Firma arbeite, werde ich bestimmt neue nette Kollegen kennenlernen, und ich werde dadurch glücklicher. Wenn ich mich selbständig mache, werde ich neue anspruchsvolle Herausforderungen entdecken, und ich werde glücklicher. Du siehst, ich werde also in jedem Fall glücklicher.“ ■

Wenn Sie wie Klaus ein Dilemma benutzen, um auf positive Konsequenzen oder Vorteile hinzuweisen, dann kann dieses FullPower-Argument ein effektives Mittel sein, um Ihre Idee, Ihren Vorschlag oder Ihr Produkt zu „verkaufen". Ein Dilemma wird zu einem guten „Verkaufsargument". Die Stärke liegt darin, daß Sie Ihrem Gesprächspartner Wahlfreiheit gewähren. Sie geben ihm die Möglichkeit, aus zwei gegebenen Alternativen auszuwählen und somit positive Konsequenzen „einzukaufen".

■ ***Beispiel***

Rüdiger argumentiert vor dem Kunden: *„Für Ihre Situation gibt es zwei Lösungsmöglichkeiten. Sie können entweder unser Produkt SMALL wählen oder unser Produkt BIG. Wenn Sie SMALL wählen, haben Sie kostengünstig eine schnelle Kompaktlösung. Wenn Sie BIG wählen, entscheiden Sie sich für ein maßgeschneidertes Konzept. Sie können also zwischen einer kostengünstigen Kompaktlösung oder einem maßgeschneiderten Konzept wählen. Was würde Ihnen mehr zusagen?"* ■

In diesem Beispiel ist das Dilemma eine elegante Argumentation, um dadurch auf alternative positive Folgen für den Kunden hinzuweisen und ihm gleichzeitig Wahlfreiheit zu lassen. Aus der Antike ist ein berühmtes Beispiel für eine Spezialform eines Dilemmas bekannt.

■ ***Beispiel***

Ein Rhetoriklehrer der Antike hatte mit einem Schüler einen speziellen Vertrag abgeschlossen: Der Schüler muß die Unterrichtsstunden nicht bezahlen, falls er seinen ersten Prozeß nicht gewinnt.

Nach Abschluß seiner Ausbildung übernahm der Schüler keinerlei Fälle. Der Lehrer bestand jedoch auf seiner Bezahlung. Um sie zu erhalten, verklagte der Lehrer den Schüler. Am Gerichtstag verteidigte sich der Schüler mit folgendem Argument: *„Entweder werde ich diesen Prozeß gewinnen, oder ich werde ihn verlieren. Wenn ich den Prozeß gewinne, brauche ich meinen Lehrer nicht zu bezahlen, weil seine Kla-*

ge ja dann abgewiesen wird. Wenn ich den Prozeß verliere, brauche ich aufgrund des Vertrages auch kein Honorar zu bezahlen. Also brauche ich meinen Lehrer nicht zu bezahlen.“

Der Lehrer andrerseits argumentierte so: *„Entweder werde ich diesen Prozeß gewinnen, oder ich werde ihn verlieren. Wenn ich ihn gewinne, muß der Schüler mich bezahlen, weil das Gericht meiner Klage rechtgegeben hat. Wenn ich verliere, muß der Schüler mich auch bezahlen aufgrund unserer Vertragsvereinbarung. Also muß der Schüler mich in jedem Fall bezahlen.“* ■

Dieses Argument ist ein Spezialfall des Dilemmas. Es hat folgende Form:

Entweder A oder nicht A
Wenn A, dann B
Wenn nicht A, dann B

B

Es ist nicht bekannt, wie in diesem Rechtsstreit entschieden wurde. Aber es scheint, als habe der Vertrag einen Widerspruch in sich enthalten. Sonst könnten beide Parteien nicht auf dieselbe Art und Weise argumentieren.

Ein falsches Dilemma

Ein Dilemma kann ein sehr wirkungsvolles FullPower-Argument sein. Es kann jedoch auch in die Irre führen, und dann spricht man von einem falschen Dilemma. Was passiert bei einem **falschen Dilemma**?

Ein Argument in Dilemma-Form unterstellt, daß nur die Wahl zwischen zwei erschöpfenden Alternativen bleibt. Es existiert also eine Entweder-oder-Prämisse. Aber daß wir nur die Wahl zwischen zwei Möglichkeiten haben, ist nicht immer richtig. Wenn die Alternativen nicht ausgeschöpft sind, dann handelt es sich bei einem Argument in

Dilemma-Form um ein falsches Dilemma. Im nächsten Beispiel konstruiert Herbert so ein falsches Dilemma:

■ ***Beispiel***

Herbert hat Geld geerbt. Er möchte dieses Geld nun gut anlegen. Er denkt daran, es auf einem Sparbuch anzulegen oder in Aktien. Er argumentiert auf folgende Weise: *„Entweder ich lege das Geld auf das Sparbuch, oder ich investiere es in Aktien. Wenn ich es auf das Sparbuch lege, bekomme ich nur ganz geringe Zinsen. Wenn ich es in Aktien investiere, trage ich das Risiko, daß ich sogar Geld verliere. Also gewinne ich entweder nur sehr wenig oder verliere sogar etwas."* ■

Es ist ganz klar, daß Herbert hier einem falschen Dilemma aufsitzt. Denn die Alternativen, die ihm einfallen, sind erstens nicht erschöpfend und schließen sich zweitens auch nicht aus.

Empfehlungen für Ihre Argumentationspraxis

Sie können ein Dilemma geschickt einsetzen, wenn Sie jemand von Ihrer Idee oder Ihrem Produkt überzeugen möchten und eine „Kaufentscheidung" herbeiführen wollen. Sie können ein Argument in Dilemma-Form aber auch benutzen, wenn Sie jemand von einer Handlung abhalten möchten. In diesem Fall machen Sie auf negative Folgen aufmerksam.

Bei einem Dilemma sollten Sie immer genau prüfen, ob die Prämissen wirklich in Ordnung sind. Sind die Alternativen wirklich erschöpfend? Bestehen wirklich die Folgebeziehungen? Achten Sie auf die Möglichkeit eines falschen Dilemmas – nicht alles, was plausibel klingt, ist plausibel.

Wenn jemand ein Dilemma einsetzt, um negative Konsequenzen aufzuzeigen, können Sie wirkungsvoll darauf reagieren, indem Sie ein Dilemma konstruieren, das positive Konsequenzen enthält (oder auch umgekehrt): ein eleganter und professioneller Konter.

3.5 Indirekt zum Ziel

Karl ist angeklagt, in einen Supermarkt eingebrochen und zehn Kisten Schoko-Eier gestohlen zu haben. Sein Anwalt möchte zeigen, daß Karl die ihm zur Last gelegte Tat nicht begangen haben kann. Der Anwalt argumentiert auf folgende Weise: „Nehmen wir einmal an, mein Mandant hätte die Tat begangen. Dann hätte er zur Tatzeit logischerweise am Tatort gewesen sein müssen. Zehn unabhängige Zeugen können aber bestätigen, daß mein Mandant zur Tatzeit nicht am Tatort war. Da niemand zugleich an zwei verschiedenen Orten sein kann, kann er die Tat also nicht begangen haben. Mein Mandant ist daher unschuldig."

Der Anwalt benutzt einen sogenannten **indirekten Beweis**, um den Richter von der Unschuld seines Mandanten zu überzeugen. Ein indirekter Beweis ist ein FullPower Argument. Wie funktioniert ein indirekter Beweis? Gehen wir die einzelnen Schritte dieses FullPower-Arguments der Reihe nach durch:

Sie möchten zeigen, daß irgendeine Behauptung oder ein Standpunkt A (Ihre Konklusion) richtig ist. Sie argumentieren nun auf folgende Weise:

1. Schritt: Sie beginnen mit der Annahme, daß A **nicht** richtig wäre.
2. Schritt: Aus dieser Annahme leiten Sie mit Hilfe eines FullPower-Arguments eine Konklusion ab, die entweder im Widerspruch zur Annahme steht, oder die einen Selbstwiderspruch enthält oder die einfach unakzeptabel ist.
3. Schritt: Da Sie aus der vorausgesetzten Annahme eine falsche oder unhaltbare Konklusion ableiten, können Sie schließen, daß Ihre Annahme aus Schritt 1 falsch sein muß. Und wenn die vorausgesetzte Annahme falsch ist, dann muß die ursprüngliche Behauptung **richtig** sein.

Wie paßt die Argumentation des Anwalts in dieses Schema?

Der Anwalt möchte zeigen, daß Karl die Tat nicht begangen hat. (Das ist Standpunkt A, die Konklusion.)

1. Schritt: Der Anwalt beginnt mit der Annahme, Karl habe in den Supermarkt eingebrochen.
2. Schritt: Der Anwalt leitet aus dieser Annahme mit Hilfe eines weiteren Arguments einen Widerspruch ab. Dieses Hilfsargument sieht so aus: Wenn Karl die Tat begangen hat, dann muß er zur Tatzeit im Supermarkt gewesen sein. Er ist aber zur Tatzeit nicht im Supermarkt gewesen. (Das bestätigen zehn unabhängige Zeugen.) Also kann er die Tat nicht begangen haben. (Das Hilfsargument hat übrigens die Form eines Nein-zur-Konsequenz-Arguments.)
3. Schritt: Der Anwalt schließt aus diesem Widerspruch, daß die Annahme, Karl habe die Tat begangen, falsch sein muß. Also ist er unschuldig.

Einen indirekten Beweis kann man nutzen, um den eigenen Standpunkt wirkungsvoll zu verteidigen oder einen anderen Standpunkt gezielt unter Druck zu setzen. Dabei ist es nicht immer notwendig, daß

Sie einen Widerspruch konstruieren. Oft genügt es, wenn Sie in Ihrem indirekten Beweis auf unerwünschte Konsequenzen hinweisen wie im folgenden Beispiel:

■ ***Beispiel***

In der kleinen Werbeagentur Maximal weiß man nicht, ob man vor Freude Luftsprünge veranstalten soll oder eher deprimiert sein sollte. Ein großer Kunde hat der Agentur die Betreuung seines gesamten Werbeetats angeboten. Die Geschäftsführerinnen Erika und Bettina diskutieren dieses Angebot. Erika ist dagegen, den Vertrag mit dem Kunden zu schließen: *„Angenommen wir würden dem Vertrag zustimmen, dann würde uns der Vertrag zwingen, mehr als 50% unserer Kapazität für einen einzigen Kunden bereit zu halten. Das würde heißen, daß wir zu einem großen Teil von einem einzigen Kunden abhängig wären. Wenn wir diesen Kunden verlieren sollten – und du weißt, wie schnell so etwas in unserer Branche passieren kann –, hätten wir einen riesigen Umsatzeinbruch, den wir nicht so schnell kompensieren könnten. Diese Aussichten scheinen mir unakzeptabel. Wir sollten daher den Vertrag nicht abschließen, auch wenn es sehr schade ist.“* ■

Erika benutzt einen indirekten Beweis, um zu begründen, daß der Vertrag mit dem Kunden nicht abgeschlossen werden sollte. In ihrem Argument weist sie auf potentielle Risiken hin, die es aus ihrer Sicht unakzeptabel machen, einen solchen Vertrag einzugehen.

Empfehlungen für Ihre Argumentationspraxis

Indirekte Beweise benutzen Sie, wenn Sie Ihren eigenen Standpunkt begründen und den gegenteiligen gleichzeitig widerlegen möchten. Indirekte Beweise können großartige Argumente sein. Denn Sie laden Ihren Gesprächspartner ein, eine gedanklich Argumentationsreise mit Ihnen zu unternehmen. Wenn die einzelnen Folgerungen und Zwischenschritte in Ihrer Argumentation für den Gesprächspartner nachvollziehbar sind, haben Sie eine große Chance, daß Sie ihn von Ihrer ursprünglichen Behauptung überzeugen können. Das Interessante bei diesem FullPower-Argument ist nämlich, daß Sie die Taktik wählen, sich scheinbar auf die Perspektive Ihres Adressaten einzulassen. Sie beginnen ja mit einer Annahme, die Ihrer eigentlichen Behauptung zunächst widerspricht.

Ihr indirekter Beweis wird natürlich immer nur so stark sein, wie die Schlußfolgerungen sind, die Sie in den Zwischenschritten des Arguments ziehen.

3.6 Alle FullPower-Argumente auf einen Blick

Wir haben Ihnen sechs FullPower-Argumente vorgestellt, die in verschiedenen Situationen einsetzbar sind. Wenn Sie ein FullPower-Argument benutzen, machen Sie am besten die Struktur des Arguments so deutlich wie möglich. Das zeigt Ihrem Gesprächspartner, daß es sich bei Ihrem Argument um einen logischen Beweis handelt, dessen Korrektheit nicht in Frage gestellt werden kann. Ein FullPower-Argument kann man nämlich nur angreifen, indem man einzelne Prämissen in Zweifel zieht. Im folgenden fassen wir noch einmal alle vorgestellten FullPower-Argumente in schematischer Form plus Beispiel zusammen. Außerdem erklären wir noch einmal kurz die Einsatzmöglichkeiten und möglichen Schwachstellen der verschiedenen Argumentformen.

Ja-zur-Bedingung-Argument

Wenn A, dann B
A

Daher: B

Beispiel

Wenn Max mit der Dame zieht, dann setzt er den König schachmatt.
Max zieht mit der Dame.

Daher: Max setzt den König schachmatt.

Wann setzen Sie ein Ja-zur-Bedingung-Argument ein?

Wenn Sie klarmachen möchten, daß ein Ereignis mit Sicherheit ein anderes zur Folge haben wird.

Potentielle Schwachstelle: Der Zusammenhang in der Wenn-dann-Aussage ist nicht akzeptabel.

Nein-zur-Konsequenz-Argument

Wenn A, dann B
nicht B

Daher: nicht A

Beispiel

Wenn Berlin in Bayern liegen würde, dann läge Berlin in Süddeutschland.

Berlin liegt nicht in Süddeutschland.

Daher: Berlin liegt nicht in Bayern.

Wann setzen Sie ein Nein-zur-Konsequenz-Argument ein?

Wenn Sie eine bestimmte Aussage als Möglichkeit ausschließen oder widerlegen möchten.

Potentielle Schwachstelle: Der Zusammenhang in der Wenn-dann-Aussage ist nicht akzeptabel.

Entweder-oder-Argument

Entweder A oder B
nicht A

Daher B

■ ***Beispiel***

Entweder wir gehen jetzt, oder wir bleiben noch ein bißchen.
Wir gehen nicht.

Daher: Wir bleiben noch ein bißchen. ■

Wann setzen Sie ein Entweder-oder-Argument ein?

Wenn Sie die Lösungsmöglichkeiten oder Handlungsoptionen für eine Situation präzise erläutern möchten und für eine bestimmte Lösung votieren.

Potentielle Schwachstelle: eine zu starke Entweder-oder-Prämisse (Schwarz-Weiß-Denken).

Schlußkette

Wenn A, dann B
Wenn B, dann C

Wenn A, dann C

■ ***Beispiel***

Wenn Korea das Verhandlungsangebot der Weltbank akzeptiert, dann werden die Aktienkurse in Korea wieder anziehen.

Wenn die Aktienkurse in Korea steigen, dann wird das die Finanzmärkte in Asien stabilisieren.

Daher: Wenn Korea das Verhandlungsangebot der Weltbank akzeptiert, dann wird das die Finanzmärkte in Asien stabilisieren. ■

Wann setzen Sie eine Schlußkette ein?

Wenn Sie längere Argumentketten übersichtlich aufbauen, interessante Zusammenhänge aufdecken oder wichtige Konsequenzen deutlich aufzeigen möchten.

Potentielle Schwachstellen: Die Zusammenhänge in den Wenn-dann-Prämissen sind nicht akzeptabel.

Dilemma

Entweder A, oder B
Wenn A, dann C
Wenn B, dann D

Daher: Entweder C oder D

Beispiel

Entweder wir geben nach, oder wir beharren auf unserer Position.

Wenn wir nachgeben, dann erleiden wir einen Gesichtsverlust.

Wenn wir auf unserer Position beharren, dann erzielen wir keine Lösung.

Daher: Entweder wir erleiden einen Gesichtsverlust, oder wir erzielen keine Lösung.

Wann setzen Sie ein Dilemma ein?

Wenn Sie jemanden von Ihrer Idee oder Ihrem Produkt überzeugen möchten und eine „Kaufentscheidung" herbeiführen wollen, oder wenn Sie jemanden von einer Handlung abhalten möchten.

Potentielle Schwachstellen: Ein falsches Dilemma durch zu starke Entweder-oder-Prämisse; die Zusammenhänge in den Wenn-dann-Prämissen sind nicht akzeptabel.

Der indirekte Beweis

Sie möchten zeigen, daß irgendeine Behauptung oder ein Standpunkt A (Ihre Konklusion) richtig ist. Sie argumentieren nun auf folgende Weise:

1. Schritt: Sie beginnen mit der Annahme, daß A nicht richtig wäre.
2. Schritt: Aus dieser Annahme leiten Sie mit Hilfe eines FullPower-Arguments eine Konklusion ab, die entweder im Widerspruch zur Annahme steht oder die einen Selbstwiderspruch enthält oder die einfach unakzeptabel ist.
3. Schritt: Da Sie aus der vorausgesetzten Annahme eine falsche oder unhaltbare Konklusion ableiten, können Sie schließen, daß Ihre Annahme aus Schritt 1 falsch sein muß. Und wenn die vorausgesetzte Annahme falsch ist, dann muß die ursprüngliche Behauptung richtig sein.

■ ***Beispiel***

Jemand möchte zeigen, daß das Mordopfer X nicht durch Gift umgekommen sein kann. Er argumentiert so:

Angenommen: Das Opfer wäre tatsächlich vergiftet worden.

Wenn das Opfer vergiftet worden wäre, hätte man noch Giftrückstände in seinem Körper finden müssen.

Es wurden keine Giftrückstände gefunden.

Daher: Mordopfer X kann nicht durch Gift umgekommen sein. ■

Wann setzen Sie einen indirekten Beweis ein?

Wenn Sie Ihren eigenen Standpunkt begründen und den gegenteiligen gleichzeitig widerlegen möchten.

Potentielle Schwachstelle: Die Zwischenschritte des Arguments können fragwürdig sein.

Zum Schluß noch die Auflösung zum Beispiel auf Seite 50:

In diesem Beispiel steckt ein Nein-zur-Konsequenz-Argument, das gar nicht so leicht zu erkennen ist. Die Konklusion ist in diesem Beispiel die Aussage „Gegen den Abgeordneten muß ein Ermittlungsverfahren eingeleitet worden sein." Die erste Prämisse lautet: „Im Moment bereitet nur noch die Aufhebung der Immunität Probleme." Die zweite Prämisse besagt: „Die Immunität wird nur aufgehoben, wenn der begründete Verdacht einer Straftat besteht."

Diese zweite Prämisse ist der Ankerpunkt des Arguments. Um sie genauer zu verstehen, müssen wir sie etwas umformulieren, und dann besagt sie: „Nur wenn der begründete Verdacht einer Straftat besteht, wird die Immunität aufgehoben."

Dieser Satz ist bedeutungsgleich mit folgendem: „Wenn kein begründeter Verdacht einer Straftat besteht, wird auch die Immunität nicht aufgehoben."

Jetzt haben wir die Prämisse in einer Form vor uns ausgebreitet, die schön in das Schema paßt:

Wenn kein begründeter Verdacht einer Straftat besteht, wird auch die Immunität nicht aufgehoben.

Im Moment bereitet nur noch die Aufhebung der Immunität Probleme. (Es wird also angedeutet, daß die Immunität aufgehoben wird; Verneinung des Konsequenzteils.)

Daher: Es besteht ein begründeter Verdacht einer Straftat. (Das heißt, es muß ein Ermittlungsverfahren eingeleitet worden sein.)

4 HighPower-Argumente und LowPower-Argumente: Aus Erfahrung gut

Die stärksten Argumente – was ihren Korrektheitsgrad betrifft – sind FullPower-Argumente. Wenn die Prämissen wahr sind, folgt daraus zwingend die Wahrheit der Konklusion. Oder: Wer die Prämissen akzeptiert, muß auch die Konklusion akzeptieren – aus rein logischen Gründen. Allerdings haben FullPower-Argumente auch einen „Nachteil“: Sie liefern uns im Grunde keine neuen Informationen. Wir haben ja schon gesehen, daß die Konklusion bei einem FullPower-Argument in den Prämissen enthalten ist.

Anders verhält es sich mit HighPower-Argumenten und LowPower-Argumenten. Diese Argumenttypen erweitern unser Wissen, sie liefern uns neue Informationen. **HighPower-Argumente** nennt man in der Logik herkömmlicherweise **induktive Argumente**; **LowPower-Argumente** heißen **Plausibilitätsargumente**.

Was ist das Besondere an High- und LowPower-Argumenten? Bei ihnen stützen die Prämissen die Konklusion nicht absolut zwingend wie in FullPower-Argumenten. Sie stützen sie nur zu einem gewissen Grad. In High- und LowPower Argumenten ist es logisch möglich, daß die Konklusion falsch ist, selbst wenn die Prämissen alle wahr sind. Hier wieder ein bei Logikern beliebtes Beispiel:

Alle beobachteten Schwäne sind weiß.

Daher: Alle Schwäne sind weiß.

In diesem Argument schließt man aus der Beobachtung einer gewissen Anzahl von weißen Schwänen, daß alle Schwäne weiß sind. Es ist jedoch logisch möglich, daß die Konklusion falsch ist, obwohl die Prämisse wahr ist (alle beobachteten Schwäne waren tatsächlich weiß.)

Und in der Tat gibt es in Australien schwarze Schwäne. Diese Beobachtung macht unsere Konklusion falsch.

High-und LowPower-Argumente stützen also die Konklusion nur zu einem gewissen Grad. Dabei sind HighPower-Argumente stärker als LowPower-Argumente. Inwiefern? In HighPower-Argumenten wird die Konklusion durch die Prämissen sehr wahrscheinlich, ziemlich wahrscheinlich oder nur wahrscheinlich gemacht. Genau dazu dienen diese Argumenttypen auch: Sie verleihen einem Standpunkt eine gewisses Maß an Wahrscheinlichkeit.

In LowPower-Argumenten wird die Konklusion durch die Prämissen nur sehr schwach gestützt. Sie wird lediglich plausibel gemacht. LowPower-Argumente sind die schwächste Form von Argumenten, die wir im Alltag benutzen. Die Prämissen stützen die Konklusion, solange es keine Gegenbeweise oder besseren Gegenargumente gibt. Wer ein LowPower-Argument bringt, trägt seiner Beweislast zumindest in einem minimalen Sinn Rechnung. Der Gesprächspartner oder Adressat hat jedoch die Möglichkeit, kritische Fragen zu stellen, durch die er LowPower-Argumente testen kann.

HighPower Argumente:
Prämissen machen die Konklusion
sehr wahrscheinlich,
ziemlich wahrscheinlich,
wahrscheinlich.

LowPower-Argumente:
Prämissen machen die Konklusion plausibel.

Abb.: High- und LowPower-Argumente.

Wir möchten Ihnen in diesem Kapitel die wichtigsten High- und LowPower Argumente vorstellen und zeigen, welche Fehlschlußrisiken mit diesen Argumentformen verbunden sind. Dieses Wissen kann Ihnen helfen, Ihre eigenen Argumente bereits im Vorfeld kritisch zu prüfen, sie noch besser abzusichern und fremden Argumenten wirkungsvoll auf den Zahn zu fühlen.

Warum stellen wir HighPower- und LowPower-Argumente zusammen in einem Kapitel vor? Das hat folgenden Grund: Obwohl man auf der einen Seite für sehr klare Fälle eine deutliche Trennlinie zwischen HighPower- und LowPower-Argumenten ziehen kann, gibt es auf der anderen Seite Fälle, bei denen die Grenzen zwischen beiden Argumentformen fließend sind. Das schien uns Grund genug, beide Argumentformen in einem gemeinsamen Kapitel vorzustellen.

Wir werden Ihnen zuerst zwei typische HighPower-Argumentformen aus dem Bereich des statistischen Argumentierens erläutern. Im Anschluß daran machen wir Sie mit zehn typischen LowPower-Argumenten bekannt: das Autoritätsargument, das Analogieargument, Kausalargumente, Hypothesenbestätigung, Indizienargumente, Argument der praktischen Konsequenzen, Lawinenargumente, Beispielsargumente, Verschwendungsargumente, Regelargumente.

4.1 Bottom up: Richtig Verallgemeinern

Anfang Dezember treffen Ralf und Katharina eine spontane Entscheidung. Dieses Weihnachten wollen sie nicht zu Hause verbringen. Sie möchten in Urlaub fahren. „Wie wäre es mit Florida?“, schlägt Katharina vor. „Gute Idee“, erwidert Ralf „ich kümmere mich morgen um die Flugtickets“. Am Abend des nächsten Tages kommt Ralf enttäuscht nach Hause: „Ich habe keinen Flug buchen können. Ich war in fünf Reisebüros, ich habe zwei Stunden lang im Internet recherchiert und keinen freien Flug nach Miami gefunden. Ich glaube, dieses Jahr sind an Weihnachten alle Flüge nach Miami ausgebucht. Wir werden wohl hier bleiben müssen.“

Ralf stellt in diesem Argument die Verallgemeinerung auf, daß alle Flüge nach Miami an Weihnachten ausgebucht sind. Begründungsbasis sind seine Erfahrungen bei der vergeblichen Suche nach einem Flug. Obwohl er natürlich nicht wirklich alle möglichen Flüge geprüft hat, ist seine Datenbasis ausreichend genug, um die Konklusion, daß alle Flüge ausgebucht sind, wahrscheinlich zu machen. Die Argumentform, die Ralf benutzt, nennen wir **statistische Verallgemeinerung**. Sie ist die einfachste Form eines HighPower-Arguments.

Die statistischen Verallgemeinerungen haben folgende Form:

X Prozent der untersuchten (beobachteten) Fälle F haben die Eigenschaft G.

Daher: X Prozent der F haben die Eigenschaft G.

Die Konklusion sagt etwas über eine **Gesamtmenge** von Dingen aus. Die Prämisse, die diese Konklusion begründet, macht aber nur eine Aussage über einen **begrenzten Bereich**, nämlich die untersuchte Stichprobe beziehungsweise die beobachteten Fälle. Die Prämisse und die Konklusion sind beide sogenannte statistische Aussagen. Aus der Prämisse folgt die Konklusion nicht zwingend, aber mit einem gewissen Grad an Wahrscheinlichkeit.

Sie wundern sich vielleicht, warum im Schema für statistische Verallgemeinerungen Ausdrücke wie „X Prozent" vorkommen. Wie paßt denn zum Beispiel Ralfs statistische Verallgemeinerung, die keine Prozentangabe enthält, in dieses Schema? Ganz einfach: Ralfs Verallgemeinerung ist im Grunde ein Spezialfall dieses Schemas. Dazu brauchen wir nur für „X Prozent" den Ausdruck „100 Prozent" einzusetzen, was die gleiche Bedeutung hat wie der Ausdruck „alle". Ralfs Argument könnten wir so darstellen:

Alle (100 Prozent) der von mir nachgefragten Flüge nach Miami waren ausgebucht.

Daher: Alle (100 Prozent) Flüge nach Miami sind ausgebucht.

Ein weiterer Spezialfall in diesem Schema entsteht übrigens, wenn wir für „X" die Zahl 0 einsetzen, was gleichbedeutend ist mit dem Ausdruck „kein".

Statistische Verallgemeinerungen spielen heute in vielen unserer Argumentationen und Überlegungen eine Rolle. Überall da, wo man allgemeine Verhaltensweisen aufzuspüren versucht, die man auf beobachtete Daten stützt, oder wo man allgemeine Regeln aufstellen möchte, begegnen wir statistischen Verallgemeinerungen. Marktforscher, Vertriebsmanager, Qualitätsmanager benutzen Argumente, die statistische Verallgemeinerungen darstellen. Im folgenden Beispiel tritt eine statistische Verallgemeinerung im Rahmen der Qualitätssicherung in einem Unternehmen auf.

■ ***Beispiel***

Im Unternehmen Mobiltel stellt man bei einer Stichprobe fest, daß fünf Prozent der neu produzierten Telefonhörer einen Lackfehler aufweisen. Man schließt, daß 5 Prozent der Tagesproduktion fehlerhaft sind.

In diesem Beispiel finden wir eine statistische Verallgemeinerung, die exakt in unser Schema paßt:

Fünf Prozent der neu produzierten Telefonhörer aus der Stichprobe haben einen Lackfehler.

Daher: 5 Prozent aller Telefonhörer der Tagesproduktion haben einen Lackfehler. ■

Die statistischen Aussagen im letzten Beispiel enthalten genaue Zahlenangaben. In unserer Alltagsargumentation treffen wir jedoch oft statistische Aussagen, die umgangsprachlich formuliert sind. Statt exakten numerischen Werten benutzen wir dabei Ausdrücke wie „die meisten“, „fast alle“, „einige“, „mindestens“. Das Argument in unserem letzten Beispiel könnte man auch mit Hilfe solcher Ausdrücke formulieren:

■ ***Beispiel***

Ein Mitarbeiter aus der Produktionsabteilung von Mobiltel zum Qualitätssicherungsbeauftragten: *„Wir haben einige Telefonhörer aus der heutigen Produktion untersucht und Lackschäden daran festgestellt.*

Wir vermuten, daß es in der gesamten Tagesproduktion eine Reihe von Hörern mit Lackfehlern gibt." ■

Der Mitarbeiter benutzt eine statistische Verallgemeinerung. Er verwendet dabei jedoch keine genauen Prozentangaben, sondern Begriffe unserer Alltagssprache, die nur ungefähre Größenangaben zulassen.

Statistische Verallgemeinerungen sind wichtige Argumente, will man von einer begrenzten Anzahl von Fällen auf einen allgemeinen Sachverhalt schließen. Im Gegensatz zu FullPower-Argumenten sind sie jedoch nicht absolut wasserdicht. Vielmehr gibt es eine Reihe von Möglichkeiten, wie sie fehlschlagen können. Diese Fehlermöglichkeiten zeigen uns, worauf man aufpassen muß, wenn man selbst eine statistische Verallgemeinerung benutzt oder wenn man ihr begegnet. Aus der Untersuchung der Fehlermöglichkeiten gewinnen wir eine Liste kritischer Fragen, mit deren Hilfe man statistische Verallgemeinerungen testen und die man für die Argumentationspraxis nutzen kann.

Unklare Begriffe

Die erste Fehlerquelle besteht darin, daß das statistische Argument Aussagen enthält, in denen präzise Zahlen mit unpräzisen Begriffen kombiniert werden. Im krassesten aber leider weit verbreiteten Fall kommen in einer statistischen Aussage Ausdrücke vor, die so ungenau definiert sind, daß die ganze Aussage dadurch praktisch wertlos wird.

■ ***Beispiel***

Ein Politiker beklagt sich bei einer Gesprächsrunde unter Parteikollegen über die steigende Kriminalitätsrate in Deutschland: *„Ich bin sicher, 90 % aller Gauner könnte das Handwerk gelegt werden, wenn wir mehr für die innere Sicherheit tun würden."* ■

Wie kommt die Zahl von 90 % in diese Aussage? Wie ist diese Zahl belegt? Wie ist der Typ des „Gauners" definiert? Offensichtlich appelliert der Sprecher nur an diffuse Gefühle seiner Zuhörer – und nicht an deren Verstand.

Das Definitionsproblem in statistischen Aussagen ist in anderen Fällen weniger dramatisch, aber latent immer vorhanden. Wie sieht es etwa mit einer Statistik aus, in der Aussagen über die Armutsgrenze in einem Land getroffen werden? Die statistischen Aussagen werden erheblich davon beeinflußt, wie der Begriff der Armut definiert ist. Je nach Definition kann die Zahlenangabe erheblich variieren. Auch wenn man eine Statistik über die Anzahl der Arbeitslosen in einem Land anfertigen möchte, muß untersucht werden: Wer genau zählt eigentlich zu den Arbeitslosen? Gehört der Schauspieler dazu, der vorübergehend ohne Engagement ist? Gehört der Akademiker dazu, der nur hin und wieder einen Essay für eine Zeitung schreibt und sich dadurch über Wasser hält? Gelten auch Personen als arbeitslos, die „nur" eine Halbtagsbeschäftigung suchen? Wie lange bleibt jemand in der Statistik – und unter welchen Bedingungen wird er nicht mehr erfaßt? Oder folgender Fall: Sie lesen in einer Statistik, daß 60 % aller Unternehmen mit einer stark ausgeprägten Kundenorientierung profitabler arbeiten als Unternehmen mit einer schwachen Kundenorientierung. Ist hier nicht zuallererst zu fragen: Was bedeutet eigentlich „Kundenorientierung" genau? Wie ist dieser Begriff definiert?

Um den Fehler unklarer Begriffe zu vermeiden, sollten Sie statistische Aussagen und Argumente daher durch folgende Fragen prüfen:

Sind die Begriffe in der Aussage eigentlich genau definiert?

Oder handelt es sich um vage und nicht genau eingrenzbare Begriffe?

Falsche Präzision

Eine weitere Fehlerquelle kann hinzukommen, wenn Zahlen in der statistischen Aussage benutzt werden, bei denen äußerst zweifelhaft ist, wie sie überhaupt zustandegekommen sind. In diesem Fall suggerieren die Zahlen eine Exaktheit, die aufgrund der Fragwürdigkeit der Datenerhebung gar nicht eingelöst werden kann. Wenn statistische Aussagen aufgestellt werden, die unmöglich oder nur äußerst zweifelhaft verifiziert werden können, dann liegt der Fehler der falschen Präzision vor. Dieser Fehler kann ein Publikum dazu verleiten anzunehmen, daß die

Information exakter ist, als es in Wirklichkeit der Fall ist. Der Irreführung unterliegt man leicht, da die Angabe exakter Zahlen die Autorität der Wissenschaftlichkeit, den Maßstab der Exaktheit schlechthin, mit sich führt. Das Prestige und die Ästhetik einer exakten Zahlenangabe „verbürgt" die Seriosität und die Stichhaltigkeit des Arguments. Dieser Fehler potenziert sich, wenn er mit dem Fehler unklarer Begriffe verknüpft wird wie im folgenden Beispiel:

■ ***Beispiel***

Leopold ist Unternehmensberater und auf Führungskräftetrainings spezialisiert. Im Gespräch mit einem Kunden erklärt er, worauf viele Probleme in einem Unternehmen zurückzuführen sind: *„80 % aller Schwierigkeiten in einem Unternehmen sind doch nur Führungsprobleme! Wenn wir die Führungsprobleme in den Griff bekommen, wird es auch in den Unternehmen besser laufen."* ■

Wie kommt Leopold zu der Zahl von 80 %? Von welchen Schwierigkeiten ist hier eigentlich die Rede? Die Zahlenangabe gaukelt eine Präzision vor, die nicht existiert beziehungsweise auf keiner begründeten Basis steht. Seien Sie ehrlich: Ist es Ihnen nicht auch schon selbst passiert, daß Sie eine Prozentzahl genannt haben, um Ihren Aussagen mehr Präzision und dadurch auch mehr Gewicht zu verleihen?

Wenn uns eine Statistik erklärt, daß in Deutschland 26453 Obdachlose leben, dann ist das mit Sicherheit falsch. Denn wie sollte diese Zahl je genau verifiziert werden können? Wenn behauptet wird, daß 44 % aller Schwangerschaftsabbrüche auf den negativen Einfluß des Lebenspartners zurückzuführen sind, dann wird eine Exaktheit vorgespiegelt, die nicht zu überprüfen ist.

Ihre Warnlampen sollten also prinzipiell aufleuchten, wenn Ihnen in statistischen Aussagen exakte Zahlen genannt werden. Denken Sie an den potentiellen Fehler der falschen Präzision und an folgende kritische Fragen:

Wie kann man überhaupt zu den Zahlen und den Informationen gelangen, auf die in der statistischen Aussage Bezug genommen wird?

Wie kann die statistische Aussage überhaupt verifiziert werden?

Unzureichende Daten

Das Argument der statistischen Verallgemeinerung ist nur unter der Bedingung korrekt, daß der untersuchte Bereich, den man als Basis benutzt, um eine Aussage über den Gesamtbereich zu machen, **repräsentativ** ist. Wann eine Stichprobe oder eine untersuchte Anzahl von Fällen repräsentativ ist, ist nicht so leicht zu sagen. Es gibt jedoch zwei wichtige Kriterien. Wenn man sich an diese Kriterien so weit wie möglich hält, erhöht dies die Chance der Repräsentativität.

Das erste Kriterium lautet: Die Stichprobe muß groß genug sein; es müssen ausreichend viele Daten gesammelt worden sein. Wenn dieses Kriterium nicht erfüllt ist, kommt es zum **Fehlschluß der unzureichenden Statistik**, der dritten Fehlerquelle, die mit einer statistischen Verallgemeinerung verknüpft ist. Dieser Fehlschluß wird auch **Fehler des voreiligen Schlusses** genannt.

Wenn uns zum Beispiel berichtet wird, daß die Personen einer Testgruppe, die täglich eine Flasche Bier trinken, weniger herzinfarktgefährdet seien als Personen einer anderen Testgruppe, die kein Bier trinken, dann mag das zwar stimmen. Wenn aber in jeder Testgruppe nur fünf Personen waren, so stellt dies eine zu schwache Basis dar, um daraus eine korrekte Verallgemeinerung ziehen zu können. Es besteht ein zu großer Irrtumsspielraum. Es könnte zum Beispiel sein, daß die Biertrinker alle Nichtraucher waren, während die Nicht-Biertrinker alle Raucher sind. Denkbar ist auch, daß die Mitglieder der ersten Testgruppe von vornherein gesünder sind. In diesem Fall ist das Ergebnis der Untersuchung einfach nicht aussagekräftig. Eine Verzerrung des Testergebnisses wird umso unwahrscheinlicher, je größer die Untersuchungsgruppe ist.

Dieser Fehlschluß der unzureichenden Statistik kommt im täglichen Leben häufig vor. Oft schließen wir aus einer geringen Zahl von beobachteten Fällen auf eine Verallgemeinerung:

Beispiel

Peter ist Mitarbeiter bei dem Unternehmen Global Contact. Er ist wütend und frustriert. Zwar ermuntern die Führungskräfte ihre Mitarbeiter, aktiv Vorschläge zu erarbeiten, wie Arbeitsprozesse im Betrieb verbessert werden könnten, aber Peter hat den Eindruck, daß keiner seiner Vorschläge je verwirklicht wird. Er beklagt sich bei seinem Kollegen: *„In den letzten drei Monaten habe ich vier Vorschläge gemacht, was wir verbessern könnten. Und jedesmal hat unser Abteilungsleiter gesagt, das sei unrealistisch. Der lehnt doch alle Vorschläge ab, die von seinen Mitarbeitern gemacht werden."*

Peter leitet aus seinen persönlichen enttäuschenden Erfahrungen die Konklusion (Verallgemeinerung) ab, daß der Vorgesetzte alle Vorschläge seiner Mitarbeiter ablehne. Aber ist diese Verallgemeinerung korrekt? Kennt Peter alle Daten und Fakten, die diese Verallgemeinerung zulassen? Oder spricht aus ihm im Moment nur der Frust?

Stellen Sie bei einer statistischen Verallgemeinerung folgende Fragen, um den Fehlschluß des voreiligen Schlusses zu vermeiden:

Sind genügend Erfahrungsdaten gesammelt?
Wurden ausreichend viele Fälle betrachtet?
Ist die Stichprobe groß genug?

Wann ist eine Stichprobe groß genug? Die Antwort auf die Frage, ob genügend Fälle betrachtet worden sind, um eine zureichende Statistik zu bilden, hängt von den Umständen des jeweiligen Untersuchungsgebiets ab. Manchmal genügen zwei oder drei betrachtete Fälle, manchmal müssen tausende von Fällen berücksichtigt werden. Aus einer Stichprobe von fünf Wählern wird sich keine verläßliche Verallgemeinerung über das Wahlverhalten einer ganzen Nation gewinnen lassen. Die untersuchte Basis ist zu klein und daher wertlos. Wenn es jedoch um die Wahl des Vorstandsvorsitzenden eines Unternehmens geht, kann die Befragung von wenigen Personen bereits eine gute Basis für eine zuverlässige Voraussage des Wahlergebnisses sein.

Die Frage, ob genügend Fälle untersucht worden sind, hängt auch davon ab, welcher Grad von Verläßlichkeit angestrebt wird. Deshalb können einige Argumente mit einer unzureichenden Datenbasis durchaus brauchbare LowPower-Argumente sein, das heißt, sie machen eine Konklusion plausibel, auch wenn sie keine HighPower-Argumente darstellen. Nehmen Sie zum Beispiel an, Sie unternehmen eine Reise nach Japan. Bei ihrem Aufenthalt dort fällt ihnen einige Male auf: Wenn Personen einander vorgestellt werden, dann tauschen sie gegenseitig auf feierliche Art und Weise ihre Visitenkarten aus. Sie schließen daraus, daß es zum Ritual einer Vorstellung gehört, die Visitenkarten in einer bestimmten Art und Weise zu überreichen. Obwohl Sie nur wenige Fälle erlebt haben, kann Ihre statistische Verallgemeinerung ein vernünftiges LowPower-Argument darstellen. Ihre Beobachtungen machen Ihre Konklusion plausibel.

Der Grad an angestrebter Verläßlichkeit ist davon abhängig, was auf dem Spiel steht, wenn es wegen einer zu geringen Anzahl von untersuchten Fällen zu einem Irrtum kommt. Die Kosten eines möglichen Irrtums bestimmen, welche Menge an Informationen wir als ausreichend ansehen. Sind die möglichen Kosten hoch, werden wir natürlich mehr Informationen sammeln als bei niedrigen Kosten.

Voreingenommenheit

Damit eine Statistik zureichend sein kann, müssen die untersuchten Fälle einen repräsentativen Querschnitt des Gesamtbereichs bilden, über den eine Aussage getroffen werden soll. Das führt uns zum zweiten Kriterium, dem eine statistische Verallgemeinerung genügen muß. Es lautet: Die untersuchten oder beobachteten Fälle (die gesammelten Daten) müssen ausreichend verschiedenartige Elemente enthalten.

Dieses zweite Kriterium der Verschiedenartigkeit und das erste Kriterium der Größe müssen auseinandergehalten werden. Eine Stichprobe kann durchaus ausreichende Größe besitzen, aber dennoch nicht ausreichend die Verschiedenartigkeit der Elemente der Gesamtmenge repräsentieren. Wenn bei einer Mitarbeiterbefragung eines Unternehmens, das 30 % Frauen beschäftigt, nur die männlichen Mitarbeiter befragt werden (diese aber in ausreichender Zahl), dann kann es zu Verzerrungen im Ergebnis kommen.

Interessant ist, daß die Frage der Anzahl der untersuchten Fälle im Grunde weniger entscheidend ist als die Frage der ausreichenden Verschiedenartigkeit. Eine ausreichende Größe kann als ein wichtiger Faktor (manchmal sogar als der wichtigste Faktor) betrachtet werden, um eine angemessene Verschiedenartigkeit zu erreichen. Denn eine zu kleine Stichprobe verletzt automatisch das Kriterium der zureichenden Verschiedenartigkeit. Die Stichprobe sollte also so gewählt sein, daß sich in ihr die verschiedenen Elemente des Gesamtbereichs in ihrem jeweiligen Verhältnis zueinander widerspiegeln. Man kann nie sicher sein, ob eine Stichprobe wirklich repräsentativ ist. Man kann jedoch sein Möglichstes tun, um alles zu vermeiden, was die Stichprobe nichtrepräsentativ werden läßt. Wenn man dieses wichtige Kriterium der zureichenden Verschiedenartigkeit nicht beachtet, dann begeht man den **Fehler der voreingenommenen Statistik**. Ein berühmtes Beispiel für einen klassischen Fehler einer voreingenommenen Statistik stellt folgender Fall dar:

Beispiel

1936 kandidierten Roosevelt und Landon für das Amt des amerikanischen Präsidenten. Um herauszufinden, wer die Wahl gewinnen wird, startete der Literary Digest eine gigantische Umfrage. Über 10 Millionen Stimmzettel wurden versandt, der Rücklauf lag bei mehr als zwei Millionen Antworten. Dies war bestimmt eine ausreichende Fülle von Daten. Das Umfrageergebnis war jedoch falsch, es wurde nämlich Landon und nicht Roosevelt als Sieger vorausgesagt. Wie kam es zu dem Fehlschlag? Eine der Hauptursachen für den Fehler bestand darin, daß die Namen der Befragten aus Telefonbüchern und Karteien für zugelassene Kraftfahrzeuge entnommen wurden. Das heißt, es wurde eine Bevölkerungsschicht befragt, die in der Lage war, sich ein Telefon oder ein Auto zu leisten – und das lieferte damals gerade keine repräsentative Menge. Der Literary Digest machte übrigens kurz nach diesem Ereignis Pleite. Ob da allerdings ein Kausalzusammenhang bestand, ist uns nicht bekannt.

Der Fehler der voreingenommenen Statistik kann auch in subtilerer Form auftreten. Das macht folgendes Beispiel klar:

■ ***Beispiel***

Bei einer Kundenbefragung werden die Stammkunden des Unternehmens X befragt, wie zufrieden sie mit den Produkten von X sind. Es ergibt sich eine hohe Zufriedenheitsquote. Doch das Ergebnis täuscht. Wären nämlich auch die Kunden befragt worden, die in den letzten sechs Monaten verärgert abgesprungen sind, sähe die Zufriedenheitsquote ganz anders aus. ■

Der Fehler der voreingenommen Statistik taucht nicht nur bei Untersuchungen und Umfragen auf, er macht sich auch in unseren alltäglichen Erfahrungen und Denkroutinen bemerkbar. Verschiedene Arten von Vorurteilen beruhen oft auf einer voreingenommenen Statistik. Aus einer geringen Anzahl von Fällen, in denen man unakzeptable Eigenschaften beobachtet, zieht man Verallgemeinerungen. So kommt es zu uns allen vertrauten Aussagen wie:

Alle Frauen sind doch…
Alle Politiker sind doch…
Alle Vertriebsleute sind doch…
Alle Designer sind doch…
Alle Entwickler sind doch…

Jedes Mitglied der Gruppe bekommt eine Eigenschaft zugeschrieben. Unterschiede werden nicht beachtet, und jedes neue Urteil über ein beliebiges Mitglied der jeweiligen Gruppe unterliegt dieser Verallgemeinerung. Fälle, in denen Personen aus dieser Gruppe offensichtlich ganz anders sind, werden bewußt ignoriert – schließlich weiß man ja schon, daß…

Und die Moral von der Geschicht': Stellen Sie sich bei statistischen Verallgemeinerungen immer die Frage: Sind die Daten und die untersuchten Fälle wirklich verschiedenartig genug? Sind die Daten repräsentativ?

Unser Hintergrundwissen spielt eine wichtige Rolle bei der Einschätzung der Stärke einer statistischen Verallgemeinerung. Wir müssen nicht nur die Prämissen untersuchen, sondern wir müssen auch überlegen, ob die untersuchten Fälle wirklich repräsentativ sind. Das erfordert ein Wissen, das über den Informationsgehalt der Prämissen hinausgeht. Wenn wir nicht feststellen können, ob genügend Fälle untersucht wurden und ob genügend Verschiedenartigkeiten berücksichtigt wurden, die einen Einfluß auf unser Ergebnis haben können, dann können wir auch nicht entscheiden, ob ein vorgebrachtes Argument stark oder schwach ist. Diese Abhängigkeit von Hintergrundwissen ist ein Merkmal aller High- und LowPower-Argumente. Natürlich kann niemand von uns verlangen, daß wir jedesmal, wenn wir ein Argument beurteilen wollen, dieses Hintergrundwissen erst erwerben. Es genügt, wenn wir uns der kritischen Fragen bewußt sind, die wir stellen können, um die Stärke eines Arguments zu testen. Dadurch lassen sich viele Fallgruben elegant umgehen.

Die betrachteten Fehler können natürlich in Verbindung mit allen High- und LowPower-Argumenten auftreten, die wir noch vorstellen werden, und nicht nur bei der statistischen Verallgemeinerung. Es besteht immer das Risiko, daß zu wenig Erfahrungsdaten gesammelt wurden oder daß unsere Daten voreingenommen sind.

Empfehlungen für Ihre Argumentationspraxis

Die statistische Verallgemeinerung setzen Sie ein, wenn Sie aus einer begrenzten Anzahl beobachteter Fälle auf einen allgemeinen Sachverhalt oder auf eine allgemeine Regel schließen wollen. Achten Sie dabei auf die möglichen Schwächen dieser Argumentform: unklare Begriffe, falsche Präzision, unszureichende Datenmenge, Voreingenommenheit. Diese Schwächen können Sie durch folgende Fragen aufdecken:

Sind die Begriffe in der Aussagen des Arguments eigentlich genau definiert?

Wie kann man überhaupt zu den Zahlen und den Informationen gelangen, auf die in den statistischen Aussagen Bezug genommen wird?

Sind genügend Erfahrungsdaten gesammelt worden?

Sind die Daten und die untersuchten Fälle wirklich verschiedenartig genug?

4.2 Top down: Vom Allgemeinen zum Speziellen

In der Abteilung Kundenbetreuung der Direktbank 500 ist Jens ein kleiner Fehler aufgefallen, als routinemäßig die Kundendateien zur Vorbereitung der nächsten Mailingaktion überprüft wurden. Da gibt es einen Kunden namens Reiko Sommer. Unter den Daten des Kunden findet sich keine Information darüber, ob der Kunde ein Mann oder eine Frau ist. Wie soll der Kunde da korrekt im geplanten Informationsschreiben angeredet werden? Jens fragt seinen Kollegen Frank, was er tun soll. Frank erklärt: „Diesen Vornamen habe ich auch noch nie gehört. Aber es handelt sich wahrscheinlich um einen männlichen Vornamen. In den europäischen Sprachen enden männliche Namen doch immer auf ‚o'. Ich würde sagen, daß Reiko Sommer ein Mann ist."

Frank kommt zu der Konklusion, daß es sich bei Reiko Sommer um einen Mann handeln muß. Er gründet diese Konklusion auf die Prämisse, daß in den europäischen Sprachen männliche Vornamen mit dem Vokal „o" enden. Die Argumentform, die Frank benutzt, heißt **statistischer Syllogismus**.

In einem statistischen Syllogismus begründet man einen Einzelfall mit Bezug auf eine allgemeine Regel. Anders ausgedrückt: Mit Hilfe des statistischen Syllogismus können Sie vom Allgemeinen auf das Spezielle schließen – im Unterschied zur statistischen Verallgemeinerung, bei der man aus speziellen Fällen einen allgemeinen Sachverhalt ableitet.

Ein statistischer Syllogismus hat folgende Form:

X Prozent der Fälle (Dinge) F haben die Eigenschaft G.
a ist ein Fall (Ding) F.

Daher: a hat die Eigenschaft G.

Für „X“ können Sie wieder eine Zahl zwischen 0 und 100 einsetzen. Für „F“ beliebige Fälle oder Dinge, für „G“ beliebige Eigenschaften. Der Buchstabe „a“ steht für irgendein einzelnes Exemplar der F-Fälle oder F-Dinge.

Wie paßt Franks Argument in dieses Schema für statistische Syllogismen? Wir können es auf folgende Weise rekonstruieren:

Namen, die in den europäischen Sprachen auf den Vokal „o“ enden, sind immer männliche Vornamen.

Der Name „Reiko“ endet auf „o“.

Daher: „Reiko“ ist ein männlicher Vorname.

Franks erste Prämisse ist eine Verallgemeinerung. Diese Verallgemeinerung enthält keine Prozentangabe wie in unserem Schema. Das ist auch nicht unbedingt nötig. In einem statistischen Syllogismus ist es möglich, nur ungefähre Größenangaben zu machen. In unserer Alltagsargumentation ist das die Regel. Dabei benutzt man Ausdrücke wie

Fast alle F sind G.
Die meisten F sind G.
Die überwiegende Mehrzahl der F sind G.
Ein hoher Prozentsatz der F ist G.
Nur wenige F sind G.
Kaum einer der F ist G.
Ganz selten sind F auch G.

Frank benutzt in seinem Argument den Ausdruck „immer“. In der zweiten Prämisse gibt Frank an, daß der Name „Reiko“ ein Spezialfall seiner Verallgemeinerung darstellt. Was allgemein gilt, muß auch im Speziellen gelten. Daher zieht Frank die Schlußfolgerung, daß es sich bei dem fraglichen Namen um den Vornamen einer männlichen Person handeln muß.

Franks Argument ist ein typisches HighPower-Argument. Dabei ist klar, daß die Prämissen die Konklusion nicht absolut zwingend stützen.

Denn es ist denkbar, daß die Konklusion falsch ist, auch wenn die Prämissen wahr sind. Die Prämissen machen die Konklusion jedoch ziemlich wahrscheinlich. Auf jeden Fall ist die Wahrscheinlichkeit, mit dieser Konklusion richtig zu liegen, höher als die Wahrscheinlichkeit, daß die Konklusion falsch ist. Es ist daher vernünftig anzunehmen, daß Reiko Sommer ein Mann ist.

Viele unserer Alltagsüberlegungen und Erwartungen sind durchzogen von statistischen Syllogismen: Italien ist bekannt für schönes Wetter. Daher erwarten wir schönes Wetter, wenn wir nach Italien fahren. Bei den Tarifverhandlungen erwarten wir zähe Verhandlungen, weil wir bisher immer die Erfahrung gemacht haben, daß eine Vielzahl von Verhandlungsrunden notwendig war. Bei der Einführung von Veränderungen im Unternehmen erwarten wir Widerstand, weil uns bisher bei den meisten Veränderungen Widerstand entgegenschlug.

Kehren wir noch einmal zu unserem Beispiel zurück: Im Hinausgehen ruft Frank Jens noch zu: „Schau doch mal nach, ob für Reiko Sommer irgendwelche Versicherungen über uns laufen. 80 Prozent der Kunden, die über uns Versicherungen abgeschlossen haben, sind nämlich männlichen Geschlechts." Jens prüft dies sofort nach, und tatsächlich: Reiko Sommer gehört zu jenen Kunden, die über die Bank 500 eine Versicherung abgeschlossen haben.

Aus diesem Sachverhalt kann also ein weiterer statistischer Syllogismus abgeleitet werden, der die These erhärtet, daß Reiko Sommer eine männliche Person ist. Wir werden uns dieses Argument etwas genauer ansehen, weil wir daraus einige wertvolle Informationen über die möglichen Schwachstellen von statistischen Syllogismen gewinnen können. Rekonstruieren wir zuerst das Argument:

80 % der Kunden, die über die Bank 500 eine Versicherung abgeschlossen haben, sind männlichen Geschlechts.

Reiko Sommer ist ein Kunde, der über die Bank 500 eine Versicherung abgeschlossen hat.

Daher: Reiko Sommer ist wahrscheinlich männlichen Geschlechts.

Dieses Argument ist ziemlich vernünftig. Die Konklusion wird durch die Prämissen sehr wahrscheinlich gemacht.

Wovon hängt die Stärke eines statistischen Syllogismus genau ab? Sie hängt davon ab, welcher Wert für „X“ in unserem Schema eingesetzt werden kann. Denken Sie daran, daß es sich dabei um keinen Zahlenwert handeln muß, es kann auch eine ungefähre Größenangabe sein.

Wenn X nahe bei 100 liegt, dann liegt ein sehr starkes Argument vor. Die Prämissen haben dann eine sehr starke Stützungskraft für die Konklusion.

Wenn X gleich 50 ist, so stützen die Prämissen die Konklusion nicht. Sie stützen in diesem Fall nämlich die Verneinung der Konklusion in gleichem Maße.

Wenn X kleiner als 50 ist, dann stützen die Prämissen nicht die Konklusion, sondern eher die Verneinung der Konklusion, also „a ist nicht G.“

Wenn X in der Nähe von 0 liegt, so stellen die Prämissen eine starke Stützung für „a ist nicht G“ dar.

Die Stärke eines statistischen Syllogismus hängt aber nicht nur vom Wert für X ab, sondern auch davon, ob wirklich alle Informationen berücksichtigt wurden, die für die Richtigkeit der Konklusion ausschlaggebend sein können. Um diesen Aspekt genau zu verstehen, kehren wir zu unserem Beispiel zurück: Stellen Sie sich vor, Jens findet heraus, daß Reiko Sommer zu den Kunden gehört, die in einen von der Bank 500 aufgelegten Investmentfond ökologisch und ethisch orientierter Unternehmen investiert haben. Nun zeigt ihm eine Statistik, daß nur zehn Prozent der Anleger in diesen Ethik-Fond Männer sind. Daraus kann folgender statistischer Syllogismus abgeleitet werden:

Nur vier Prozent der Anleger des Ethik-Fonds sind Männer.
Reiko Sommer hat in den Ethik-Fond investiert.

Daher: Reiko Sommer ist sehr wahrscheinlich kein Mann.

Nun haben wir drei vernünftige Argumente. Zwei führen uns zur Konklusion, daß Reiko Sommer ein Mann ist, das dritte zur Konklusion, daß Reiko Sommer kein Mann ist. Was tun?

Wenn Sie einen statistischen Syllogismus benutzen, müssen Sie darauf achten, möglichst alle relevanten Informationen zu berücksichtigen (vollständige Information). In unserem Beispiel müßten alle Informationen beachtet werden, die die Frage danach, ob Reiko Sommer ein Mann ist, beeinflussen können. Jens überpüft daher, ob Kunden, die eine Versicherung über die Bank 500 abgeschlossen und die in den Ethik-Fond investiert haben, eher weiblichen oder eher männlichen Geschlechts sind. Dabei findet er heraus, daß nur drei Prozent dieser speziellen Kundengruppe Männer sind. Daraus konstruiert er folgenden statistischen Syllogismus:

3 Prozent aller Kunden, die über die Bank 500 eine Versicherung abgeschlossen und in den Ethik-Fond investiert haben, sind Männer.

Reiko Sommer hat über die Bank 500 eine Versicherung abgeschlossen und in den Ethik-Fond investiert.

Daher: Reiko Sommer ist sehr wahrscheinlich kein Mann, sonder eine Frau.

Die Vervollständigung der Informationen führt Jens also zu dem Schluß, daß Reiko Sommer sehr wahrscheinlich eine Frau ist. Da bleibt nur noch die Sache mit dem männlichen Vornamen. Das verwirrt Jens etwas. Aber diese Verwirrung löst sich auf, als er am Abend beim Essen in einem japanischen Restaurant eine weibliche Bedienung kennenlernt, die den Namen „Reiko“ trägt. „Reiko“ ist nämlich ein typisch japanischer Frauenname.

Das Fazit: Statistische Syllogismen sind fehlerhaft, wenn nicht alle relevanten Informationen berücksichtigt werden, die die Wahrscheinlichkeit der Konklusion beeinflussen können. Um zu entscheiden, ob eine Information relevant ist, müssen Sie Ihr Hintergrundwissen aktivieren. Sie sollten sich fragen: Was alles könnte die Richtigkeit der Konklusion beeinflussen?

Natürlich können wir nie sicher sein, daß wirklich alle Informationen berücksichtigt wurden. Oft müssen wir Entscheidungen schnell aufgrund der uns nur begrenzt zur Verfügung stehen Informationsmenge treffen. Wir können uns aber bewußt die Frage stellen: **Wurden wichtige Informationen übersehen?** Ein Moment des Nachdenkens kann hier hilfreich sein. Wir müssen aufpassen, daß wir wichtige Informationen nicht aufgrund von Nachlässigkeit oder gar Vorurteilen ignorieren – sonst kann es, wie im folgenden Beispiel, leicht zu einem Denkfehler kommen:

Beispiel

Bei LogoZit möchte man ein japanisches Unternehmen als Kunden gewinnen. Anton, der Geschäftsführer erläutert, welche Argumentationsstrategie gewählt werden sollte: *„Wir sollten die Geschäftsleitung von Nakamura dadurch zu überzeugen versuchen, daß sie ihren Gewinn erhöhen können, wenn Sie uns als Partner wählen. Immerhin ist ja der Profit der wichtigste Erfolgsmaßstab für jedes Unternehmen.“*

In Antons Argument steckt folgender statistischer Syllogismus:

Für jedes Unternehmen ist der Profit der wichtigste Erfolgsmaßstab.
Nakamura ist ein Unternehmen.

Daher: Für Nakamura ist wahrscheinlich der Profit der wichtigste Erfolgsmaßstab.

Anton übersieht jedoch, daß Nakamura ein japanisches Unternehmen ist. Für japanische Unternehmen spielt aber traditionell der Marktanteil eine äußerst wichtige, wenn nicht noch größere Rolle als der Profit.

Empfehlungen für Ihre Argumentationspraxis

Einen statistischen Syllogismus setzen Sie ein, um zu zeigen, daß das, was in einem allgemeinen Fall wahr oder auch falsch ist, auch in einem speziellen Fall wahr oder falsch ist. Testen Sie diese Argumentform durch folgende Fragen:

Ist die im Argument vorkommende statistische Prämisse überhaupt vernünftig und akzeptabel? Wurden alle relevanten Informationen in Betracht gezogen? Wurden möglicherweise wichtige Informationen übersehen?

4.3 Fragen wir den Experten

„Habe ich's mir doch gedacht," sagt Holger und wirft seiner Frau einen triumphierenden Blick zu, „Ein Nickerchen am Mittag ist gut für den Menschen. Hier steht es Schwarz auf Weiß: Wer einnickt, arbeitet besser… Wissenschaftler haben jetzt nachgewiesen, daß die kleine Extraportion Schlaf keineswegs eine unproduktive Ausfallzeit ist – ganz im Gegenteil. Die Auswertung von Biosignalen wie Herz- und Hirnfunktion bei Testpersonen hat eindeutig ergeben, daß das Nickerchen am Arbeitsplatz die geistige Leistungsfähigkeit ebenso verbessert wie die allgemeine Verfassung, das Gedächtnis und die Herzfunktion.

Jetzt kannst du sicher verstehen, warum ich mich nach dem Mittagessen erst einmal hinlegen muß."

Holger versucht seine Frau davon zu überzeugen, daß ein Nickerchen gut für die Gesundheit des Menschen ist. In seiner Begründung bezieht er sich auf Wissenschaftler und deren Untersuchungen. Holger benutzt ein sogenanntes **Autoritätsargument**.

Der Bezug auf Autoritäten macht durchaus Sinn: Jeder von uns hängt zu einem gewissen Grad von den Ratschlägen ab, die wir von Fachleuten bekommen. Der Zahnarzt empfiehlt, zwei Zähne behandeln zu lassen, weil sie kariös sind. Der Designer befragt den Ingenieur zu bestimmten Materialeigenschaften und Herstellungsverfahren. Der Anwalt rät uns, mit dem Nachbarn zunächst eine gütliche Einigung zu suchen. Dies alles sind Fälle, in denen man sich von einem Experten davon überzeugen läßt, bestimmte Dinge zu tun oder zu unterlassen. Expertenmeinungen dienen uns dazu, Standpunkte und Behauptungen zu begründen, anstatt direkte Belege und Gründe anzuführen. Solche Autoritätsargumente können vernünftige und brauchbare Argumente sein, obwohl es sich bei ihnen in den meisten Fällen nur um schwache Argumente, also um LowPower-Argumente handelt.

Die Berufung auf die Meinung von Fachleuten gründet sich auf unsere Erfahrung, daß Experten in der Regel recht haben, wenn sie Aussagen auf einem Gebiet machen, in denen sie als Autorität anerkannt sind. Dabei muß es sich bei der Berufung auf Experten nicht immer um Personen handeln. Auch Institutionen oder Schriften können als Autorität fungieren: Der Priester begründet die Pflicht zur Nächstenliebe mit Bezug auf die Bibel. Politiker begründen eine Gesetzesänderung mit Bezug auf ein Gutachten. Manager begründen eine Entscheidung mit Bezug auf eine Wirtschaftlichkeitsstudie der Finanzabteilung.

Auch verstehen wir unter einem Experten nicht nur einen Spezialisten in einem bestimmten wissenschaftlichen Gebiet. Ein Experte ist im Grunde jeder, der sich in einer speziellen Wissensposition befindet, entweder aufgrund seiner Erfahrungen oder aufgrund seines praktischen und theoretischen Wissens:

■ ***Beispiel***

Das Unternehmen AlphaZet möchte mit einem chinesischen Unternehmen Kontakt aufnehmen, um über ein mögliches Joint Venture zu verhandeln. Der Geschäftsführer spricht darüber mit einem Angestellten, der zwei Jahre in China gelebt hat. ■

Die Erfahrungen des Angestellten können als „Expertenmeinung“ dienen, auch wenn der Angestellte kein Experte im Sinne eines wissenschaftlichen Spezialisten ist.

Das Autoritätsargument hat folgendes Schema:

X ist ein Experte auf dem Gebiet Z.
X erklärt, daß Aussage A wahr ist.
Aussage A gehört zum Gebiet Z.

Daher: Aussage A ist vermutlich richtig.

Am Prämissenteil dieses Schemas können Sie ermessen, was wichtige Erfolgsvoraussetzungen für ein brauchbares Autoritätsargument sind: Die Aussage A, die begründet werden soll, sollte zum Expertisefeld des Experten gehören, und der genannte Fachmann (Fachfrau) sollte tatsächlich auch ein Experte auf diesem Gebiet sein. Auch wenn diese Voraussetzungen erfüllt sind, bleiben Autoritätsargumente lediglich Plausibilitätsargumente. Sie verschieben die Beweislast auf die Seite desjenigen, der eine gegenteilige Behauptung aufstellen möchte.

Beispiel

Zwei Designer bei der Robo GmbH, Martin und Christian, diskutieren, welches Material für ihr neues Produkt am besten geeignet sei: Kunststoff oder Metall. Martin steht auf dem Standpunkt, Kunststoff sei das bessere Material: *„Ich habe unsere Ingenieure gefragt, und alle haben gesagt, daß Kunststoff in jedem Fall besser sei als Metall. Ich finde, wir sollten daher Kunststoff verwenden.“*

Martin benutzt ein Autoritätsargument, um für die Konklusion zu argumentieren, daß Kunststoff für das neue Produkt besser geeignet sei als Metall. Rekonstruieren wir das Argument mit Hilfe des Schemas:

Unsere Ingenieure sind Experten auf dem Gebiet der Materialkunde.
Die Ingenieure erklären, Kunststoff sei für das neue Produkt besser geeignet als Metall.
Diese Aussage gehört zum Gebiet der Materialkunde.

Daher: Kunststoff ist für das neue Produkt besser geeignet als Metall.

Wenn Christian jetzt immer noch auf dem Standpunkt steht, Metall sei Kunststoff vorzuziehen, dann trägt er die Beweislast. Knifflig wird die Situation allerdings, wenn die Ingenieure ebenfalls zu unterschiedlichen Meinungen kommen sollten. Dann genügt es nicht, sich in der Argumentation auf Expertenmeinungen zu beziehen. Bei widersprechenden Expertenmeinungen muß tiefer geforscht werden.

Ein Autoritätsargument kann zwar ein sinnvolles Argument sein, aber wenn Ihnen ein starkes FullPower-Argument oder ein HighPower-Argument zur Verfügung steht, sollten Sie eher diesem vertrauen. Denn erstens können Experten durchaus geheime Interessen verfolgen, die sie in ihrem Urteil beeinflussen, und zweitens läßt sich fast für jede Behauptung irgendein vermeintlicher Experte finden. Deshalb sollten Sie Autoritätsargumente auch immer äußerst kritisch prüfen. Dabei gibt es einige Hauptfehler, die in Autoritätsargumenten immer wieder auftreten und die dieses LowPower-Argument zu einem NoPower-Argument machen:

1. **Vermeintliche Experten:** Der vermeintliche Experte ist gar kein Experte.
2. **Vager Bezug:** Im Argument wird nur vage auf den Experten oder das Expertisefeld Bezug genommen.
3. **Fehlerhafte Interpretation:** Der Standpunkt des Experten wird verfälscht.

Im folgenden werden wir uns mit diesen drei potentiellen Fehlerquellen beschäftigen:

Vermeintliche Experten

Der erste Fehler entsteht auf folgende Weise: Man beruft sich auf einen Experten, um eine Konklusion zu stützen, die aus einem Bereich stammt, in dem der vermeintliche Experte gar keine Autorität darstellt. Wenn jemand in einem bestimmten Feld ein anerkannter Experte ist, bedeutet das nicht, daß seine Autorität in diesem Feld auch auf andere Gebiete übertragbar ist.

Dieser Fehler ist ein typisches Phänomen der Medienwelt. Da werden Popstars, Schauspieler, Sportler – die sicherlich in ihren jeweiligen Tätigkeitsfeldern als Experten bezeichnet werden können – zu Themen befragt, für die sie eigentlich keine Experten sind. Die Autorität dieser prominenten Persönlichkeiten gründet sich nicht auf spezielles Wissen, sondern auf ihre Popularität. Diese Popularität verschafft ihren Meinungen allerdings großes Gehör in der Öffentlichkeit. Nicht umsonst werden prominente Personen als wichtige Meinungsmacher betrachtet. Die Äußerungen eines Schauspielers oder Sportlers in einer Talkshow zur Einführung des Euro können mitunter eine größere Wirkung entfalten als die Aussagen des Wirtschaftsministers zum gleichen Thema – wobei wir von der optimistischen Annahme ausgehen, der Wirtschaftsminister sei Experte für Wirtschaftspolitik.

Vager Bezug

Der zweite Fehler in einem Autoritätsargument entsteht so: Der Bezug auf den Experten ist so vage, daß er entweder nicht genannt wird oder das relevante Expertisefeld unidentifiziert bleibt. Das passiert in folgendem Fall:

Beispiel

Dr. Mahler, ein Vertreter der Wirtschaft, kommt bei einer Podiumsdiskussion zur Frage „Ist unser Sozialsystem noch finanzierbar?“ auf das Thema „Renten“ zu sprechen: *„Es ist doch klar, daß es mit unserem Rentensystem so nicht weitergehen kann. Führende Wissenschaftler sind der Meinung, daß eine Rentenreform längst überfällig sei.“*

Dr. Mahler plädiert also für eine Reform des Rentensystems, und in seiner Begründung bezieht er sich auf „führende Wissenschaftler“. Hier bleibt nicht nur ungenannt, um welche Wissenschaftler es sich handelt, es wird auch nicht geklärt, auf welchem Gebiet diese Wissenschaftler tätig sind. Ein solcher Bezug auf Experten kann ein hohes Maß an Überzeugungskraft beim Publikum entfalten, insbesondere dann, wenn das Publikum ohnehin bereits zur Meinung des Argumentierenden tendiert. Die Bezugnahme auf Experten wirkt dann wie eine kraftvolle Bestätigung dieser Meinung. Dem Publikum wird dabei suggeriert, an der Seite des Argumentierenden stehe eine Phalanx von Experten, die mit wissenschaftlicher Autorität die Konklusion zweifelsfrei begründen können. Das aber ist ein typisches NoPower-Argument. Die richtige Reaktion in einem solchen Fall ist natürlich eine präzise Frage: Wer sind die Experten genau? Auf welchem Feld sind sie Experten?

Fehlerhafte Interpretation

Ein dritter Fehler entsteht, wenn falsch interpretiert wird, was der Experte gesagt hat. Sie wissen, daß Experten sich oft in einer – zumindest für Laien – unverständlichen Sprache ausdrücken und daß sie oft Einschränkungen und Qualifikationen in ihre Aussagen einbauen. Wenn man nach einiger Zeit die Expertenmeinung wiedergibt, kann es leicht passieren, daß man einige Dinge verfälscht, verzerrt oder vereinfacht.

■ ***Beispiel***

In einer Diskussion über die Gefahren von BSE erklärt ein Wissenschaftler (Mediziner), daß es bisher zwar einige Indizien, aber noch keine eindeutigen Beweise dafür gebe, daß der BSE-Erreger auf den Menschen übertragbar sei. Zu einem späteren Zeitpunkt wird der Wissenschaftler mit den Worten zitiert, es gebe keine Belege dafür, daß der BSE-Erreger für den Menschen gefährlich sei. ■

Der spätere Bezug auf die Äußerung des Wissenschaftlers legt nahe, es gebe nicht nur keine eindeutigen Beweise, sondern nicht einmal brauchbare Indizien, die darauf hinweisen, daß der BSE-Erreger Menschen infizieren kann. Dies stellt jedoch eine grobe Vereinfachung der Aussage des Wissenschaftlers dar. Wenn Sie auf Autoritätsargumente stoßen, sollten Sie daher fragen: Kann überprüft werden, was der Experte wirklich gesagt hat? Kann es sein, daß wichtige Einschränkungen außer acht gelassen wurden, als man den Experten zitierte? Ist das, was der Experte sagt, klar zu verstehen?

Empfehlungen für Ihre Argumentationspraxis

Autoritätsargumente sind, vom Standpunkt des logischen Argumentierens aus betrachtet, eher schwache Argumente. Sie können jedoch sehr mächtig sein, wenn man sie in Gesprächen und Diskussionen einsetzt. Warum? Wenn Sie ein Autoritätsargument benutzen, in dem Sie einen Experten zitieren, errichten Sie eine weitere Argumentationsfront. Ihr Gesprächspartner muß nämlich nicht nur gegen Sie argumentieren, sondern auch gegen den zitierten Experten. Das kann ihn in eine schwierige Lage bringen. Oft denken die Gesprächspartner nämlich gar nicht daran, den Experten selbst in Zweifel zu ziehen. Wer traut sich schon, einfach die Forschungsergebnisse eines Professors oder gar einer Professorengruppe als falsch oder irrelevant zu bezeichnen? Eine Möglichkeit für unser Gegenüber wäre natürlich, ein Gegenargument aufzubauen, indem er andere Experten zitiert. Sie können fast wetten, daß immer ein Experte gefunden werden kann, der etwas Gegenteiliges behauptet.

Um ein Autoritätsargument zu testen gibt es eine Reihe von kritischen Fragen, die Sie stellen können:

Ist X wirklich ein Experte auf dem Gebiet Z?
Hat X die Aussage A wirklich gemacht?
Gehört die Aussage A überhaupt zum Expertisefeld Z des Experten?
Paßt A mit anderen Dingen, die der Experte sagt, zusammen oder widerspricht sich der Experte?
Ist A konsistent mit anderen Belegen, die wir von Feld Z kennen?

4.4 Wer ist hier wem ähnlich?

Im Auditorium herrscht konzentrierte Aufmerksamkeit. Carla, fast am Schluß ihrer Rede angelangt, läuft noch einmal zu Höchstform auf: „Meine Damen und Herren, eine Sache dürfte wohl klar sein: es wird nichts bringen, wenn man versuchen sollte, die Finanzmärkte von Außen zu steuern. Das Investitionskapital läßt sich nicht vorschreiben, wohin es fließen soll. Die Regeln der Investition sind wie Naturgesetze. Auch die können wir nicht ändern. Wasser fließt nach unten – das Kapital fließt dorthin, wo es die beste Rendite gibt." Anhaltender Applaus!

Carla bringt am Ende Ihrer Rede ein ganz spezielles Argument für die These, daß das Investitionskapital sich nicht vorschreiben läßt, wohin es fließen soll. Sie benutzt ein **Analogieargument**. Dieser Argumentationstyp ist ein wirkungsvolles Instrument, um Zuhörer auf die eigene Seite zu ziehen oder einen Standpunkt anzugreifen. Der Kern eines Analogieargumentes ist ein Vergleich, den wir zwischen verschiedenen Fällen herstellen, beziehungsweise eine Ähnlichkeit, die wir zwischen verschiedenen Situationen sehen. Im Analogieargument wird diese Ähnlichkeit genutzt, um einen bestimmten Standpunkt, eine bestimmte Konklusion, zu untermauern. Analogieargumente sind Plausibilitätsargumente, also LowPower-Argumente.

Ein Analogieargument ist nach folgendem Schema aufgebaut:

Die Situation (Fall, Sache) S1 ist ähnlich zu Situation (Fall, Sache) S2.
A ist in S1 wahr (falsch).

Daher: A ist in S2 wahr (falsch).

Carlas Argument können wir mit Hilfe dieses Schemas rekonstruieren:

Die Regeln der Investition sind wie Naturgesetze.
Die Regeln der Natur können wir nicht ändern.

Daher: Die Regeln der Investition können wir nicht ändern. Mit anderen Worten: Das Investitionskapital läßt sich nicht vorschreiben, wohin es fließen soll.

Ein Analogieargument beruht auf einer Analogie – wer hätte das gedacht! In einer Analogie werden zwei Dinge oder Situationen verschiedener Art miteinander verglichen. Bei diesem Vergleich stellt man gewisse Ähnlichkeiten zwischen den Dingen oder Situationen her. Zwei Situationen oder Dinge gelten als analog, wenn sie einander in gewissen Hinsichten ähnlich sind. Carla stellt in der ersten Prämisse ihres Arguments eine Analogie zwischen den Regeln der Investition und Naturgesetzen her. In ihrer zweiten Prämisse formuliert sie die These, daß die Gesetze (Regeln) der Natur unveränderlich sind. Zusammen mit der ersten Prämisse schließt sie daraus, daß auch die Regeln der Investition unveränderlich sind. Das Aufstellen einer Analogie ist der entscheidende Schritt in einem Analogieargument.

Der folgende Fall ist ein anschauliches Beispiel für ein Analogieargument, das genau nach unserem Schema aufgebaut ist. Es stammt aus der Arzneimittelforschung.

■ ***Beispiel***

Ratten sind Menschen in physiologischer Hinsicht sehr ähnlich. Da Medikament X bei Ratten keine unerwünschten Nebenwirkungen zeigt, wird es auch beim Menschen keine unerwünschten Nebenwirkungen hervorrufen. ■

Daß Ratten Menschen in physiologischer Hinsicht sehr ähnlich sind, ist die zentrale Analogiebehauptung und die erste Prämisse. Die zweite Prämisse ist, daß keine Nebenwirkungen auftraten, wenn Ratten das Medikament X verabreicht wurde. Daraus wird geschlossen, daß auch beim Menschen keine Nebenwirkungen auftreten.

Analogieargumente können zwar brauchbare Argumente sein, aber ihre Überzeugungskraft beruht auf der Stärke der Analogie, die im Argument benutzt wird. Das Problem dabei ist festzustellen, wie stark die Relevanz der behaupteten Ähnlichkeit ist. Die zentrale Frage lautet: Sind die verglichenen Dinge oder Situationen in einer für das Argument relevanten Hinsicht einander ähnlich? Können die Regeln der Investition tatsächlich mit Naturgesetzen verglichen werden wie in Carlas Argument?

Die Stärke eines Analogiearguments gründet sich auf die Stärke der relevanten Ähnlichkeiten. Je mehr relevante Ähnlichkeiten, umso stärker das Argument. Wie steht es mit unserem Beispiel aus der Arzneimittelforschung? Ratten und Menschen sind sich natürlich in vielerlei Hinsicht unähnlich. Wenn uns jedoch interessiert, wie die Wirkung eines Medikaments ausfällt, dann sind in erster Linie die physiologischen Eigenschaften eines Organismus relevant. In dieser Hinsicht sind Ratten und Menschen einander ähnlich. Dieses Argument ist daher ein sehr starkes Analogieargument.

Die Frage, ob die Dinge, die miteinander verglichen werden, in relevanter Weise einander ähnlich sind, ist oft schwierig zu beantworten. Klar dürfte jedoch sein, daß logische Überlegungen allein nicht ausreichen, um die Relevanzfrage zu klären. Vielmehr benötigt man Tatsachenwissen, um diese Frage zu entscheiden. Wir benötigen Wissen aus Biologie und Chemie, um zu entscheiden, welches die relevanten Faktoren zur Bestimmung der Wirkungsweise eines Medikaments sind.

Analogieargumente sind immer dann fehlerhaft, wenn keine relevanten Ähnlichkeiten bestehen. Deshalb scheint auch Carlas Analogieargument auf wackeligen Beinen zu stehen. Denn der wunde Punkt ihres Arguments liegt genau da, wo sie eine Ähnlichkeit zwischen Naturgesetzen und den Investitionsregeln behauptet. Genau an der Stelle kann ihre Position angegriffen und zu Fall gebracht werden. Dies könnte auf zweifache Weise geschehen: Es wird erstens ein wichtiger Aspekt aufgezeigt, in dem Naturgesetze und Investitionsregeln einander unähnlich sind. Es wird zweitens eine Gegenanalogie gebracht, durch die Carlas Argument geschickt gekontert werden kann. Exakt dies geschieht im folgenden Beispiel:

Beispiel

Im Anschluß an Carlas Rede gibt es eine Diskussion. Dabei meldet sich Paul zu Wort: „*Verehrte Kollegin, zum Schluß Ihrer Rede haben Sie einen Vergleich zwischen den Regeln der Investition und den Gesetzen der Natur gebracht. Dieser Vergleich hinkt natürlich gewaltig. Denn, Sie wissen sicher auch, die Naturgesetze wurden nicht vom Menschen gemacht, wohl aber die Regeln, nach denen die Investitionsströme fließen. Die Investitionsregeln sind eher wie die Regeln eines Spiels. Spielregeln kann man jederzeit ändern. Und Investitionsregeln daher genauso.*“

Paul macht also zuerst auf einen Aspekt aufmerksam, der eine wichtige **Disanalogie** zwischen Naturgesetzen und Investitionsregeln darstellt. Je überzeugender diese Disanalogie ist, umso unplausibler wird das urspüngliche Analogieargument. Im zweiten Schritt kontert Paul Carlas Argument sogar durch eine **Gegenanalogie**. Diese Strategie – das Aufstellen einer Gegenanalogie – kann eine effektive Methode sein, um die Position des Gegenübers zu erschüttern. Denn das ursprüngliche Analogieargument verliert dadurch fast automatisch an Überzeugungskraft und somit an Wert.

An dieser Stelle wollen wir Sie noch auf eine spezielle Variante der Analogieargumente hinweisen. Man setzt sie ein, um konkrete Handlungsempfehlungen zu geben. Hier ist das Schema:

In Situation S1 war es richtig, H zu tun.
Situation S2 ist ähnlich zu Situation S1.

Daher: Es ist richtig, in S2 H zu tun.

Das folgende Beispiel soll dieses Schema illustrieren:

■ ***Beispiel***

Die Abteilungsleitungen in einer Klinik überlegen, wie man die Organisation noch effektiver und kostengünstiger gestalten kann. Der Chefarzt argumentiert: *„Die Auslagerung unserer Fort- und Weiterbildungsabteilung im letzten Jahr hat unsere Personalentwicklung effektiver gemacht und Kosten gesenkt. Es war eine gute Entscheidung, diese Abteilung nach draußen zu geben. Jetzt stehen wir wieder vor der Frage, wie wir unsere Organisation straffer aufbauen können. Ich kann mir vorstellen, daß es positive Effekte hat, auch unsere Küchenabteilung auszulagern, und dadurch sowohl unsere Kosten zu minimieren als auch unsere Leistungen zu verbessern."* ■

Der Chefarzt benutzt ein Analogieargument, um die Konklusion zu stützen, daß es gut (richtig) sein könnte, die Küchenabteilung auszulagern. Dieses Argument könnten wir nach unserem Schema so rekonstruieren:

Im letzten Jahr, als es um die Frage der Organisationsgestaltung ging, war es richtig, die Fort- und Weiterbildungsabteilung auszulagern.

Wir stehen jetzt wieder vor der Frage, wie unsere Organisation effektiver gestaltet werden kann.

Daher: Es ist richtig, dieses Mal unsere Küchenabteilung auszulagern.

Empfehlungen für Ihre Argumentationspraxis

Sie können Analogieargumente besonders dann sehr effektiv einsetzen, um den Gesprächspartner oder Adressaten von Ihrem Standpunkt zu überzeugen, wenn Sie einen Vergleich zu einer Situation herstellen, mit der der Adressat sehr vertraut ist oder die beim Adressaten positive

Gefühle weckt. Auf diese Weise entwickeln Analogieargumente eine starke suggestive Kraft.

Analogieargumente testen Sie durch folgende kritische Fragen:

Sind die genannten Dinge oder Situationen wirklich in einer relevanten Hinsicht einander ähnlich? Oder gibt es wichtige Unterschiede?

Gibt es Unterschiede zwischen den beschriebenen Situationen oder Dingen, die die behauptete Ähnlichkeit untergraben könnten?

Wenn Sie ein Analogieargument angreifen wollen, können Sie das am elegantesten mit einer Gegenanalogie. Nutzen Sie dabei die Analogie, die Ihr Gesprächspartner genannt hat und verändern Sie sie so, daß sie in Ihre Argumentationsrichtung gelenkt wird. Wenn Sie Erfolg haben, wird Ihr Gesprächspartner zugeben, daß seine Analogie vielleicht insgesamt nicht so glücklich war. Dadurch wird er Punkte beim Publikum verlieren.

4.5 Alles hat eine Ursache

Am Tag als die **Doria** mit dem schwedischen Schiff **Grisholm** zusammenstieß, kehrte Eva S. gerade in ihre Kabine auf der **Doria** zurück und betätigte den Lichtschalter. In diesem Moment ging ein Riesenruck durch das Schiff und ohrenbetäubender Lärm drang durch die Räume. Die Passagiere stürzten aus ihren Kabinen und liefen in Panik an Deck. Eva S. floh aus ihrer Kabine und der ersten Person, die sie traf, erklärte sie verzweifelt, daß sie aus Versehen die Notbremse gezogen habe.

Eva glaubte also, daß sie die Ursache dafür war, daß das Schiff stoppte. Sie stellte einen Kausalzusammenhang her zwischen dem Betätigen des Schalters und dem plötzlichen Halt des Schiffes. In vielen unserer Argumente spielt Wissen über Kausalzusammenhänge eine wichtige Rolle. Wir nennen Argumente, die auf Kausalzusammenhängen beruhen, **Kausalargumente**. Was ist ein Kausalzusammenhang?

Zwischen zwei Ereignissen besteht ein Kausalzusammenhang, wenn die zwei Ereignisse in einem Ursache-Wirkungs-Verhältnis zueinander stehen. Zum Beispiel: Das Umdrehen des Zündschlüssels bewirkt das Ingangsetzen des Motors. Aber auch wenn zwei Ereignisse eine gemeinsame Ursache haben, kann man davon sprechen, daß ein Kausalzusammenhang zwischen beiden Ereignissen existiert, in diesem Fall kein direkter, sondern ein indirekter. Beispielsweise bewirkte die Smogwolke in Indonesien 1997 eine Verschlechterung der Ernte und einen Anstieg von Krankheiten.

Kausalargumente spielen in unseren täglichen Überlegungen und Gesprächen eine wichtige Rolle. Sie dienen dazu, auf Ereignisse zu schließen, die wir nicht unmittelbar wahrnehmen können; sie sind Bestandteil von Erklärungen menschlichen Verhaltens. Da wir in der Regel keine wissenschaftlichen Untersuchungen vornehmen, sind die Kausalargumente, die wir im Alltag einsetzen, meistens LowPower-Argumente, also eine schwache Argumentform, die dazu dient, die Konklusion plausibel zu machen. Kausalargumente treten in verschieden Formen auf. Wir werden zwei wichtige und gebräuchliche Varianten etwas genauer unter die Lupe nehmen: Kausalschlüsse und Schlüsse von der Ursache auf die Wirkung

Der Kausalschluß

Die erste wichtige Argumentform eines Kausalarguments sieht so aus: Aus der (positiven) Korrelation zweier Ereignisse A und B wird geschlossen, daß A Ursache von B ist. Zwei Ereignisse treten also zusammen auf (positive Korrelation). Wir schließen daraus, daß ein Ereignis Ursache des anderen ist. Wir können diese Form des Kausalarguments **Kausalschluß** nennen. Kausalschlüsse sind deshalb sehr wichtig, weil sie Grundlage für Erklärungen von Verhaltensweisen oder Ereignissen bilden. Typische Beispiele sind Aussagen wie: „Wenn es Winter wird, treten vermehrt Autounfälle auf.“ „Wenn wir die Preise senken, dann werden die Konkurrenten nachziehen.“ „Wenn ich Medikament X nehme, verschwinden meine Kopfschmerzen.“

Oft ziehen wir einen Kausalschluß bereits aus einer einzigen Beobachtung. In dem Fall genügt uns schon, daß wir einmal erlebt haben, daß zwei Ereignisse zusammen auftreten, um daraus abzuleiten, daß das eine Ereignis die Ursache des zweiten ist. So lernen kluge und einmal gebrannte Kinder, Feuer zu scheuen.

Allgemein hat ein Kausalschluß folgende Form:

Es besteht eine positive Korrelation zwischen A und B.

Daher: A ist Ursache von B.

Im Fall des Schiffsunglücks zieht Eva einen Kausalschluß nach genau diesem Schema. Sie bemerkt eine positive Korrelation zwischen zwei Ereignissen: dem Einschalten des Schalters und dem abrupten Stopp des Schiffes. Daraus leitet sie sofort die Schlußfolgerung her, daß die Betätigung des Schalters den Stopp bewirkt haben muß.

Wenn wir dieses Kausalschluß-Schema betrachten, wird uns sofort eine ganze Reihe von Situationen einfallen, in denen das Schema nicht richtig ist. Denn wir können nicht aus jeder positiven Korrelation auf eine direkte Kausalbeziehung schließen. Es gibt einige Fehlerquellen, die mit diesem Schlußschema verbunden sind und auf die wir aufpassen müssen. Im folgenden Teil werden wir Ihnen die vier wichtigsten potentiellen Fallstricke von Kausalargumenten vorstellen: die Zufallskorrelation, die Verwechslung der Ursache mit der Wirkung, der Fehler der gemeinsamen Ursache, die Vernachlässigung kausaler Zwischenglieder.

Zufallskorrelation

Der erste Fehler entsteht, wenn die Zahl der beobachteten Korrelationen zwischen A und B viel zu klein ist, um puren Zufall (Zufallskorrelation) ausschließen zu können. Allgemein handelt es sich bei diesem Fehler um eine unzureichende Statistik.

Dieser Fehler der zu geringen Datenbasis unterläuft auch Eva in unserer Anfangsgeschichte. Denn die Korrelation, die sie zwischen dem Einschalten des Lichtschalters und dem Halt des Schiffes erlebt, ist nur eine schwache Evidenz dafür, daß das Einschalten den Halt tatsächlich verursacht hat. Wenn man nur aus einer einzigen oder aus sehr wenigen Korrelationen auf eine direkte Kausalbeziehung schließt, ist das Risiko sehr groß, daß das Argument fehlschlägt. Daher ist auch Ninas Argument fragwürdig:

■ ***Beispiel***

Nina unterhält sich beim Mittagessen in der Kantine mit ihrer Kollegin Sandra. Sie sprechen von einem Kollegen, der kürzlich zum Abteilungsleiter befördert wurde und sich nun ganz anders als früher benehme. Nina entwickelt eine These: *„Ich habe jetzt schon ein paar mal erlebt, daß, wenn Kollegen befördert werden, sie plötzlich völlig verändert sind. Sie werden dann zu richtigen Ekeln. Eine Beförderung verändert die Persönlichkeit.“* ■

Nina ist der Meinung (Konklusion), daß eine Beförderung die Persönlichkeit eines Menschen verändere. Diese Kausalmeinung gründet sie auf die Beobachtung, daß eine Beförderung einige ihrer Kollegen zu „richtigen Ekeln“ werden ließ. Abgesehen davon, daß Begriffe wie „richtiges Ekel“ und „Persönlichkeit“ sehr unklare Begriffe darstellen, ist natürlich die Frage, ob Ninas Erfahrungen tatsächlich einen solchen Kausalschluß zulassen. Wird durch die Beförderung tatsächlich die Persönlichkeit eines Menschen verändert? Ist es nicht wahrscheinlich eher so, daß die Übernahme einer Führungsaufgabe mit einer neuen Rolle verbunden ist, die für die Verhaltensänderungen einiger Menschen verantwortlich ist?

Der Fehler, daß eine zufällige Korrelation für eine Kausalbeziehung gehalten wird, kann selbst dann auftreten, wenn sehr viele Beobachtungen die Grundlage bilden. Dazu gibt es ein interessantes Beispiel aus Salmons Buch *Logik*:

■ ***Beispiel***

Man berichtet, daß man im alten China der Meinung war, eine partielle Mondfinsternis sei darauf zurückzuführen, daß ein Drache gerade dabei sei, den Mond zu verschlingen. Um den Drachen zu vertreiben, brannte man Feuerwerkskörper ab. Tatsächlich beobachtete man nach dem Abbrennen, daß der Mond vom Drachen unversehrt zurückgelassen wurde. Die Versuche waren immer erfolgreich, denn der Mond nahm immer wieder zu. Man zog daher den Kausalschluß, daß eine direkte Kausalbeziehung zwischen dem Feuerwerk und dem Zunehmen des Mondes besteht. ■

Der Grundfehler dieser Überlegung besteht darin, daß man ein bloß zufälliges Zusammentreffen von Ereignissen irrtümlich für einen Kausalzusammenhang gehalten hat. Um diesem Fehler vorzubeugen und um einen Kausalschluß zu stärken, sollten Sie daher diese Fragen stellen:

Gibt es eine positive Korrelation zwischen den Ereignissen A und B? Gibt es eine ausreichende Zahl beobachteter Fälle der Korrelation zwischen A und B?

Selbst wenn man diese Fragen positiv beantwortet, kann ein Kausalschluß in die Irre führen. Das zeigen die folgenden Überlegungen.

Verwechslung der Ursache mit der Wirkung

Oft wird der Fehler gemacht, daß Ursache und Wirkung miteinander verwechselt werden. Denn an einer bloßen Korrelation ist nicht immer abzulesen, in welche Richtung die Kausalbeziehung geht. Zur Verwechslung von Ursache und Wirkung gibt es ein klassisches Beispiel:

■ ***Beispiel***

Die Bewohner einer kleinen Insel hatten über Jahrhunderte hinweg beobachtet, daß vollkommen gesunde Menschen stets von Läusen befallen waren, während kranke Menschen keine Läuse hatten. Sie schlossen daraus, daß Läuse dazu dienen, Menschen gesund zu halten. ■

Was hier wirklich geschah war jedoch folgendes: Sobald ein Mensch krank wurde und Fieber bekam, stieg die Körpertemperatur. Das empfanden die Läuse offenbar als so unangenehm, daß sie das Weite suchten. Tatsächlich war also ein gesunder Körper dafür verantwortlich, daß sich Läuse einnisteten – und nicht umgekehrt.

Die Frage, welches Ereignis die Ursache und welches Ereignis die Wirkung darstellt, kann entschieden werden, wenn die zeitliche Reihenfolge der Ereignisse bekannt ist. In einigen Situationen kann es aber sehr schwierig oder sogar unmöglich sein festzustellen, welches die zeitliche Aufeinanderfolge und somit die Kausalrichtung ist. Man stellt zum Beispiel fest, daß wohlhabende Personen oft Aktien besitzen. Welche Kausalrichtung liegt hier vor? Ist der Wohlstand die Ursache dafür, daß Menschen Aktien kaufen? Oder ist der Aktienkauf Ursache ihres Wohlstandes? Wahrscheinlich werden sich beide Sachverhalte gegenseitig beeinflussen, so daß keine eindeutige Kausalrichtung auszumachen ist.

Fragen der Kausalbeziehung treten auch häufig auf, wenn man untersucht, welche Ursachen den Erfolg eines Unternehmens begründen. So hat man beispielsweise festgestellt, daß Unternehmen, die ein Leitbild entwickelt haben, oft sehr erfolgreich sind. In welche Richtung geht hier die Kausalbeziehung? Ist die Entwicklung eines Leitbildes ein wichtiger ursächlicher Faktor für den Erfolg des Unternehmens? Oder ist der Erfolg des Unternehmens Ursache dafür, daß man es sich leistet, ein Leitbild zu entwerfen? Diese Fragen sind schwer zu entscheiden.

Auch in Konfliktsituationen fragt man oft danach, welches die eigentliche Ursache für den Konflikt ist. In vielen Fällen geht diese Suche nach einer eindeutigen Ursache Hand in Hand mit Schuldzuweisungen. Doch Konflikte haben häufig eine sehr lange Konfliktgeschichte. Daher ist auch hier die Frage nach der ersten Ursache meist wenig ergiebig. Sinnvoller ist es daher, konstruktiv nach vorn zu blicken und nach Lösungen zu suchen, die die Interessen aller Konfliktbeteiligten umfassen, anstatt lang und breit über den eigentlichen Ursprung der Konfliktgeschichte zu diskutieren.

Wenn wir also über Kausalrichtungen nachdenken, sollten wir im Auge behalten, daß es oft keine eindeutige Richtung gibt. Vielmehr sollten wir uns daran erinnern, daß es komplexe Wechselwirkungen zwischen den Ereignissen geben kann. Sonst kann es passieren, daß wir verkehrte Schlüsse ziehen wie Cornelia:

■ ***Beispiel***

Cornelia hat den Eindruck, daß Max, ihr Kollege, von ihrem Vorgesetzten ungerechtfertigt bevorzugt wird. Sie beklagt sich darüber bei ihrem Ehemann: *„Kein Wunder, daß Max so gute Beurteilungen vom Chef bekommt und alles macht, was der Chef sagt. Er ist ja auch sein Liebling."* ■

Cornelia ist der Meinung (Konklusion), daß Max positive Beurteilungen bekommt und alles tut, was der Chef sagt, weil er – und jetzt kommt die Begründung – der Liebling des Chefs sei. Wahrscheinlich aber verhält es sich genau umgekehrt. Max ist der Liebling des Chefs, weil er das macht, was man ihm sagt und weil er gute Beurteilungen hat. Aber auch in diesem Fall könnte es durchaus sein, daß gegenseitige Beeinflussungen stattfinden.

Um uns vor dem Fehler der Verwechslung der Ursache mit der Wirkung zu hüten, sollten wir uns immer folgende Fragen stellen:

In welche Richtung geht die Kausalität eigentlich, von A nach B oder von B nach A?

Können wir eine zeitliche Aufeinanderfolge identifizieren?

Kann es sein, daß eine wechselseitige Beeinflussung zwischen den Ereignissen besteht?

Fehler der gemeinsamen Ursache

Zwei Ereignisse A und B können auch auf folgende Art und Weise in Korrelation zueinander stehen: Es gibt ein drittes Ereignis C, das gemeinsame Ursache der beiden Ereignisse A und B ist. In diesem Fall besteht zwischen den Ereignissen A und B zwar eine positive Korrelation, sie treten zusammen auf. Zwischen ihnen besteht aber keine direkte Kausalbeziehung. Das Problem: Wenn man die gemeinsame Ursache übersieht und allein aufgrund des regelmäßigen Zusammentreffens der Ereignisse A und B darauf schließt, daß A Ursache von B ist, oder umgekehrt, so begeht man den **Fehlschluß der gemeinsamen Ursache**.

Hier ein Beispiel für diesen Fehlschluß:

Beispiel

In einer Untersuchung fand man heraus, daß Verheiratete weniger Süßigkeiten zu sich nehmen als Singles. Dies schien nahezulegen, daß die Ehe einen geringeren Süßigkeitenverzehr bewirkt. Als man die Daten der Untersuchung jedoch genauer analysierte und Verheiratete mit Singles gleichen Alters verglich, so verschwand die Korrelation zwischen dem Verheiratetsein und dem geringeren Süßigkeitenkonsum. Es stellte sich heraus, daß das Alter sowohl beim Verheiratetsein als auch beim Süßigkeitenkonsum der wirksame zugrundeliegende Faktor war. Je älter eine Person war, umso größer war die Wahrscheinlichkeit, daß sie verheiratet war und umso geringer war der Süßigkeitenkonsum.

Der Fehlschluß der gemeinsamen Ursache hat weitreichende praktische Bedeutung. Er führt dazu, bloße Symptome mit den eigentlichen Ursachen zu verwechseln. Die Vermeidung dieses Fehlschlusses ist eine dringliche Aufgabe, wenn wir nach Lösungen wichtiger Probleme, zum Beispiel von Wirtschaftsproblemen, der Arbeitslosigkeit usw. suchen. Auch bei der Problembewältigung in Organisationen und Unternehmen, gilt es, auf die Vermeidung dieses Fehlers zu achten.

Beispiel

Im Betrieb Betamind herrscht große Unzufriedenheit und eine hohe Krankheitsrate. Man vermutet, daß die Unzufriedenheit die Ursache der vielen Fehltage ist. Daher beschließt man ein Motivationsprogramm, durch das die Zufriedenheit der Mitarbeiter gestärkt werden soll. Das Programm wirkt kurzfristig, aber nach einiger Zeit ist die Situation schlimmer als zuvor.

Die eigentliche Ursache sowohl für Unzufriedenheit als auch für die Fehlzeiten wurde bei Betamind übersehen, nämlich der äußerst autoritäre Führungsstil im Unternehmen. Der jedoch blieb unangetastet. Daher „dokterte“ man nur an den Symptomen herum.

Um den Fehlschluß der gemeinsamen Ursache zu vermeiden, müssen wir fragen:

Kann ausgeschlossen werden, daß die Korrelation zwischen A und B durch einen dritten Faktor entsteht, der sowohl A als auch B verursacht?

Kausale Zwischenglieder

Es kann der Fehler unterlaufen, daß kausale Zwischenglieder übersehen werden, die im Kausalzusammenhang zwischen A und B eine Rolle spielen. In der Kausalbeziehung zwischen A und B existiert ein dritter Faktor C, der nicht beachtet wird. A verursacht B daher nur indirekt und nicht direkt. Die Kausalkette zwischen A und B kann also viel komplexer sein, als man zuerst annimmt. Es kommt zu einer überstarken Vereinfachung. Ein interessantes Beispiel stammt aus Waltons Buch *Informal Logic*:

■ ***Beispiel***

In einer Studie fand man heraus, daß weibliche Bewerber von der Universität Berkeley viel öfter zurückgewiesen wurden als Männer. Diese Statistik schien zu besagen, daß Frauen diskriminiert wurden, was man der Universität vorwarf. Als man die Daten für jedes einzelne Department jedoch genauer untersuchte, kam folgendes zutage: Die Wahrscheinlichkeit, in eines der Departments aufgenommen zu werden, war für beide Geschlecher gleich hoch, für Frauen sogar ein bißchen höher. Was war in der Studie falsch gelaufen? Man hatte übersehen, daß Frauen sich eher für sehr beliebte Departments bewarben. Die hohe Anzahl der Bewerbungen bei diesen Departments führte dort zu einer hohen Ablehnungsrate. ■

Die ursprüngliche Kausalbeziehung

eine Frau sein → Ablehnung von Berkeley

mußte also revidiert werden. Ein besseres Bild der Situation stellte folgende Kausalkette dar:

Eine Frau sein → Bewerbung bei einem beliebten Department → Ablehnung von Berkeley.

Die Aufnahmepolitik von Berkeley wurde also zu Unrecht als diskriminierend kritisiert. Es war ein Fehler, die zwischengeschaltete Variable **Bewerbung bei einem beliebten Department** zu übersehen.

Um diesen Fehler der groben Vereinfachung einer Kausalbeziehung zu vermeiden, sollten Sie an folgende Fragen denken:

Ist die Kausalbeziehung direkt, oder ist sie eher indirekter Natur aufgrund zwischengeschalteter Faktoren? Und welches sind diese Faktoren?

Kausalschlüsse der betrachteten Form sind oft vernünftige Argumente, aber in den meisten Fällen sind sie lediglich LowPower-Argumente. Wenn man eine Kausalbeziehung zwischen A und B schlüssig begründen wollte, dann müßte man eine Theorie entwickeln, die uns ausführlich den Mechanismus erklärt, der von A nach B führt. Das aber ist in aller Regel Aufgabe der Wissenschaftler. Dabei ist es selbst in vielen wissenschaftlichen Gebieten schwierig, klare Kausalmechanismen in Form präziser Gesetzmäßigkeiten aufzustellen. Gerade wenn es um die Beschreibung und Erklärung menschlichen Verhaltens geht, wie etwa in der Psychologie, der Soziologie, der Volkswirtschaftslehre usw. ist es extrem schwierig, Erklärungsmodelle zu finden, die vernünftige Abbildungen der Realität liefern. Das erleben wir immer wieder: wie viele Börsenexperten wissen am Dienstag, daß es am Mittwoch zu einem massiven Kurseinbruch kommen wird?

Von der Ursache zur Wirkung

Neben den Kausalschlüssen gibt es noch eine weitere Variante von Kausalargumenten, die häufig benutzt wird. Darin wird von einer Ursache auf eine bestimmte Wirkung geschlossen. Nennen wir dieses Argument **Schluß von der Ursache auf die Wirkung**. Es hat folgende Form:

Ereignis A hat in der Regel Ereignis B als Wirkung zur Folge. (Wenn A, dann im allgemeinen B)
Ereignis A tritt auf.

Daher: Ereignis B wird auch auftreten.

Die oberste Prämisse stellt eine Kausalbeziehung fest. Die Gesamtstärke des Arguments hängt von der Stärke dieser Prämisse ab. Wenn eine enge Kausalbeziehung existiert, dann kann es sich bei diesem Argument um ein vernünftiges LowPower-, vielleicht sogar HighPower-Argument handeln.

Beispiel

Norbert diskutiert mit seinen Kollegen, wie in ihrem Unternehmen, die Verkaufszahlen gesteigert werden könnten. Norbert sagt: *„Es ist doch allgemein bekannt, daß eine Steigerung der Marketingaktivitäten zu höheren Verkaufszahlen führt. Wenn wir eine gezielte Werbekampagne starten, werden wir also unsere Umsätze erhöhen."*

Die Konklusion in diesem Schluß von der Ursache auf die Wirkung ist die Aussage „Wir werden unsere Umsätze erhöhen". Die zentrale kausale Prämisse ist Norberts Aussage, daß eine Steigerung der Marketingaktivitäten zu höheren Verkaufszahlen führt. Die zentrale Frage ist: Wie sicher und stark ist diese Kausalbeziehung? Wodurch kann sie möglicherweise aufgehoben werden? Ist es vernünftig oder richtig anzunehmen, daß eine Steigerung der Marketingaktivitäten zu höheren Verkaufszahlen führt? Kann es tatsächlich eine Werbekampagne sein, die ausschlaggebend für eine Steigerung der Verkaufszahlen ist, oder könnte es vielleicht noch andere Faktoren geben, die eine Umsatzsteigerung bewirken?

Argumente, in denen von einer Ursache auf eine Wirkung geschlossen wird, können Sie durch folgende Fragen testen:

Wie stark ist die Kausalbeziehung zwischen den genannten Ereignissen überhaupt?

Besteht überhaupt eine Kausalbeziehung?

Gibt es andere Faktoren, die verhindern könnten, daß die Wirkung eintritt?

Empfehlungen für Ihre Argumentationspraxis

Kausalschlüsse können Sie benutzen, um aus der Korrelation zweier Ereignisse A und B darauf zu schließen, daß ein Ereignis das andere verursacht. Die Herstellung einer solchen Kausalbeziehung ist wichtig, wenn man erklären will, warum bestimmte Phänomene oder Verhaltensweisen eintreten. Allerdings sollten Sie auf folgende Fragen achten, durch die Sie Kausalschlüsse überprüfen können:

Gibt es eine positive Korrelation zwischen den Ereignissen A und B?
Gibt es eine ausreichende Zahl beobachteter Fälle der Korrelation zwischen A und B?

In welche Richtung geht die Kausalität eigentlich, von A nach B oder von B nach A?

Können wir eine zeitliche Aufeinanderfolge identifizieren?

Kann es sein, daß eine wechselseitige Beeinflussung zwischen den Ereignissen besteht?

Kann ausgeschlossen werden, daß die Korrelation zwischen A und B durch einen dritten Faktor entsteht, der sowohl A als auch B verursacht?

Ist die Kausalbeziehung direkt, oder ist sie eher indirekter Natur aufgrund zwischengeschalteter Faktoren? Und welches sind diese Faktoren?

Den Schluß von der Ursache auf die Wirkung benutzen Sie – wie der Name schon sagt – um von einer gegebenen Ursache auf eine Wirkung zu schließen. Für diese Argumentform kann insbesondere folgende Testfrage wichtig sein:

Wie stark ist die Kausalbeziehung zwischen den genannten Ereignissen A und B überhaupt?

4.6 Schlaue Vermutungen

Auf dem Heimweg gehen Roberta noch einige Dinge durch den Kopf. Vor allem die Tag für Tag zunehmenden Schwierigkeiten mit ihren Mitarbeitern bereiten ihr Sorge. Die Lösungen, die sie als Vorgesetzte vorschlägt, werden meistens nur halbherzig und manchmal gar nicht umgesetzt. „Was mache ich nur falsch?“, denkt sie, „Die Mitarbeiter kommen doch mit Problemen zu mir, und ich gebe ihnen brauchbare Ratschläge. Und dann setzen sie die nicht um. Aber vielleicht ist genau das der Fehler. Ich löse die Problem für meine Mitarbeiter. Im Grunde sind es meine Lösungen, aber nicht die Lösungen meiner Leute. Möglicherweise klappt es mit der Problemlösung besser, wenn ich nicht dauernd selbst Lösungen vorschlage, sondern meine Leute nur beratend dabei unterstütze, eigene Lösungen zu finden. Das werde ich bei nächster Gelegenheit gleich ausprobieren.“

Einige Wochen später ist Roberta schon wesentlich zufriedener. Ihre Vermutung, daß die Mitarbeiter eigene Problemlösungen besser umsetzen, hat sich als richtig herausgestellt. Den Mitarbeitern dabei zu helfen, eigene arbeitsfähige Lösungen zu finden, hat bewirkt, daß diese Lösungen besser realisiert werden. Roberta hat eine Hypothese aufgestellt und diese durch ihre Beobachtungen (Erfahrungen) verifiziert.

Eine Vielzahl von Plausibilitätsargumenten stützt sich auf Hypothesen, die wir bilden. Dabei stellt man eine Hypothese auf und leitet daraus eine Beobachtung ab, die eintreten sollte, wenn die Hypothese korrekt ist. Wenn die Beobachtung dann tatsächlich eintritt, nimmt man sie als Indiz für die Richtigkeit der Hypothese.

Dabei können prinzipiell zwei Argumentformen auftreten, je nachdem, ob eine Hypothese bestätigt oder widerlegt werden soll. Daher nennen wir die zwei möglichen Argumentformen **Hypothesenbestätigung** und **Hypothesenwiderlegung**.

Die **Hypothesenbestätigung** wird nach folgendem Schema gebildet:

Wenn die Hypothese A wahr ist, dann ist die Beobachtung B wahrscheinlich.
Beobachtung B wird gemacht.

Daher: Die Hypothese A ist vermutlich wahr.

Nach diesem Schema funktioniert Robertas Überlegung aus unserem Anfangsbeispiel. Wir können diese Überlegung mit Hilfe des Schemas rekonstruieren:

Wenn die Hypothese wahr ist, daß Problemlösungen von Mitarbeitern besser umgesetzt werden, wenn es deren eigene Lösungen sind, dann sollte bei den nächsten Problemlösungen, bei denen die Mitarbeiter stärker miteinbezogen werden, die Umsetzung besser klappen.

Die Mitarbeiter werden in die Problemlösung stärker einbezogen und die Umsetzung verbessert sich.

Daher: Die Hypothese, daß Problemlösungen von Mitarbeitern besser umgesetzt werden, wenn es deren eigene Lösungen sind, ist vermutlich wahr.

Ein Argument nach diesem Schema der Hypothesenbestätigung sieht aus wie der Ja-zur-Konsequenz-Fehlschluß (siehe Kapitel 2). Tatsächlich hätten wir in diesem Schema einen Fehlschluß, wenn durch die Hypothesenbestätigung gezeigt werden sollte, daß die Konklusion logisch zwingend aus den Prämissen folgt. Aber diesen Anspruch hat die Hypothesenbestätigung gar nicht. Die Konklusion soll durch die Bestätigung nur plausibel oder wahrscheinlich gemacht werden. Betrachten wir noch ein Beispiel für diese Argumentform:

Beispiel

Egon und Klaus, zwei Führungskräfte, sprechen über den letzten Workshop. Es ging darum, zusammen mit den Mitarbeitern, abteilungsbezogene Jahresziele für das nächste Jahr aufzustellen. Egon erklärt seinem Kollegen: *„Ich glaube, daß unsere Mitarbeiter einfach vor der Übernahme von Verantwortung zurückschrecken. Wir haben ja auf dem letzten Workshop gesehen, daß sie keine selbständigen Ziele formulieren wollten und daß sie Entscheidungen vermieden haben. Wer Verantwortung scheut, der wird Entscheidungen meiden und keine eigenen Ziele formulieren. Das ist doch klar.“* ■

Egon stellt hier die Hypothese auf, daß die Mitarbeiter vor Verantwortung zurückschrecken. Wie begründet er das? Zuerst rekapituliert er einige Beobachtungen des letzten Workshops. Anschließend leitet er eine Beobachtung aus seiner Hypothese ab. („Wer Verantwortung scheut, der wird Entscheidungen meiden und keine eigenen Ziele formulieren.“) Die abgeleitete und die tatsächlich gemachte Beobachtung stimmen überein. Das nimmt Egon als Indiz für die Korrektheit seiner Hypothese.

Die zweite Argumentform, in die Hypothesen verwickelt sind, ist die Hypothesenwiderlegung. Sie funktioniert nach folgendem Schema:

Wenn die Hypothese A wahr ist, dann muß B auch wahr sein.
B ist nicht wahr.

Daher: Die Hypothese A ist nicht wahr.

Hier ein paar Beispiele zur Hypothesenwiderlegung:

■ ***Beispiel***

Kommissar Rex versucht die völlig aufgelöste Frau Seitz zu beruhigen: „Ich glaube, Frau Seitz, es gab keinen Einbrecher in Ihrem Haus. Sie müssen sich da getäuscht haben. Wir hätten sonst irgendwelche Spuren finden müssen. Es gibt keine Fußabdrücke, keine zerbrochenen Fensterscheiben, die Alarmanlage ist auch nicht angegangen und auch sonst – das sagen Sie selbst – ist im Haus nichts verändert. Wahrscheinlich haben Sie nur geträumt.“ ■

Wie läßt sich das Argument des Kommissars rekonstruieren? Die ursprüngliche Hypothese lautet „Ein Einbrecher war im Haus“. Setzen wir das Argument in unser Schema ein:

Wenn die Hypothese, daß ein Einbrecher im Haus war, richtig wäre, dann müßten sich irgendwelche Spuren finden lassen.
Wir haben aber keine Spuren gefunden.

Daher: Die Hypothese, daß ein Einbrecher im Haus war, ist falsch.

Die Hypothesenwiderlegung hat die logisch gültige Form eines Nein-zur-Konsequenz-Arguments (siehe Kapitel 2). Sie ist also ein FullPower-Argument; sie zeigt schlüssig, daß die Konklusion wahr ist. Natürlich hängt die Stärke des Arguments an der obersten Prämisse, die eine Wenn-dann-Beziehung ausdrückt: In unserem Fall mit Kommissar Rex ist denkbar, daß es einen Einbrecher gab, der keinerlei Spuren hinterließ, weil er äußerst geschickt vorgegangen ist. Die im Wenn-dann-Satz ausgedrückte Prämisse könnte also falsch sein.

Wenn Sie mittels Hypothesenbestätigung oder Hypothesenwiderlegung argumentieren oder wenn Sie auf solche Argumente stoßen, können Sie folgende kritischen Fragen stellen:

Ist es wirklich der Fall, daß wenn die Hypothese A wahr ist, Ereignis B beobachtet werden sollte?

Wurde Ereignis B tatsächlich beobachtet?

Könnte Ereignis B auch auf andere Weise erklärt werden als durch Hypothese A?

Indizienargumente

Argumente der Hypothesenbestätigung sind verwandt mit einer Argumentform, die ein typisches LowPower-Argument darstellt und die in unserer Alltagsargumentation sehr häufig vorkommt. Es handelt sich um das Indizienargument. In einem Indizienargument werden bestimmte beobachtete Sachverhalte als Indizien oder Zeichen für einen anderen Sachverhalt gesehen. Einige Beispiele: Max hat überall rote Punkte auf seinem Körper; also hat er wahrscheinlich Masern. Die Polizei fährt mit Blaulicht; also ist wahrscheinlich irgendwo etwas passiert. Helena ruft mich nicht zurück, wie versprochen; also hat sie wahrscheinlich kein Interesse an mir.

Alle diese Schlußfolgerungen und Argumente können plausibel sein. Sie sind jedoch auch leicht umzustürzen. Max könnte auch aus anderen Gründen rote Punkte haben, vielleicht hat er eine Erdbeerallergie und gerade Erdbeeren gegessen. Helena kam vielleicht etwas Wichtiges dazwischen, so daß sie keine Zeit hatte, mich zurückzurufen. Daher handelt es sich bei Indizienargumenten nur um schwache Argumente, also um LowPower-Argumente.

Indizienargumente haben folgende Gestalt:

Sachverhalt A wird beobachtet.
Sachverhalt A ist normalerweise ein Zeichen für Sachverhalt B.

Daher: B ist wahr.

Was macht einen Sachverhalt zu einem Zeichen (Indiz) eines anderen Sachverhalts? Das ist gar nicht so einfach zu beantworten. Offenbar scheint es irgendeinen kausalen und erklärungsmäßigen Zusammenhang zu geben. Typische Beispiele: Wenn es brennt, steigt Rauch auf. Aufgrund dieses Kausalzusammenhanges kann Rauch als ein Zeichen für Feuer interpretiert werden. Wenn die Wirtschaft sich belebt, steigen die Exporte. Der Anstieg der Exporte kann als Indiz dafür genommen werden, daß eine Wirtschaftsbelebung stattfindet. Meier hat geäußert, daß man in den Verhandlungen auf dem richtigen Weg sei. Das läßt vermuten, daß bald ein Ende der Verhandlungen erreicht sein wird. Hier wird Meiers Äußerung als ein Zeichen bzw. Indiz benutzt. Ein Meister der Indizienargumente ist Sherlock Holmes. Eine klassische Passage findet sich in **A Study in Scarlet**.

■ *Beispiel*

Bei dem ersten Aufeinandertreffen zwischen Dr. Watson und Sherlock Holmes – Watson sucht gerade nach einer Wohnung in London – kommt Holmes zu dem Schluß, daß Watson gerade aus Afghanistan zurückgekehrt ist. Er argumentiert auf folgende Weise:

„Hier haben wir einen Gentleman, einen Arzt. Aber er hat etwas Militärisches, also muß er Armeearzt sein. Er ist gerade aus den Tropen zurück, denn seine Gesichtsfarbe ist dunkel, und das ist nicht seine normale Hautfarbe, denn seine Handgelenke sind hell. Er muß krank gewesen sein und eine harte Zeit mitgemacht haben, wie sein ausgemergeltes Gesicht zeigt. Sein linker Arm muß eine Verletzung erlitten haben, denn er hält ihn auf eine steife und unnatürliche Art und Weise. Wo in den Tropen könnte ein englischer Armeearzt seinen Arm verletzt haben und eine harte Zeit durchgemacht haben? Natürlich in Afghanistan.“ ■

Holmes entwickelt eine Kette von Schlußfolgerungen, aufgebaut aus einzelnen Indizien und Hinweisen. Beispielsweise dem, daß Watson den Arm steif und auf unnatürliche Art hält. Daraus folgert Holmes, daß der Doktor eine Verletzung am Arm davongetragen haben muß. Immer mehr Hinweise und Indizien werden zusammengenommen, so daß ein ganzes Indiziengebäude errichtet wird. Wenn so viele Hinweise gesammelt wurden, erscheint die Konklusion fast unvermeidlich. Die Summe der Hinweise ergibt dann ein recht passables Argument für die Konklusion, daß Dr. Watson vor kurzem noch in Afghanistan gewesen sein muß.

Wenn Sie Indizienargumente benutzen oder damit konfrontiert werden, können Sie sie durch folgende Fragen testen:

Wie stark ist die Korrelation zwischen Indiz und dem bezeichneten Ereignis?

Könnten andere Ereignisse das Auftreten des Indizes mindestens genauso gut oder sogar zuverlässiger erklären?

Wenn Sie ein Indizienargument benutzen, dann achten Sie darauf, die Konklusion vorsichtig zu formulieren. So erhöhen Sie die Glaubwürdigkeit Ihrer Argumentation. Denn ein Indizienargument ist nur ein schwaches Argument. Es macht die Konklusion lediglich plausibel. Ein gutes Beispiel hierfür liefert uns Henry im nächsten Fall:

■ ***Beispiel***

Henry bei einer Podiumsdiskussion zum Thema „Standort Deutschland“: *„Ich glaube, einiges spricht dafür, daß sich unsere Wirtschaft langsam belebt. Die Exporte sind in den letzten zwei Monaten deutlich gestiegen, der Handel verzeichnet wieder mehr Umsätze und ausländische Unternehmen haben wieder mehr in Deutschland investiert.“* ■

Henry nimmt eine Reihe von Indizien als Hinweise für eine Belebung der Wirtschaft. Dabei benutzt er eine vorsichtige Wendung zur Formulierung seiner Konklusion „... einiges spricht dafür, daß sich unsere Wirtschaft langsam belebt“. Durch diese eher vorsichtige Formulierung erhöht er die Glaubwürdigkeit seines Arguments und macht es gleichzeitig auch weniger leicht angreifbar.

Empfehlungen für Ihre Argumentationspraxis

Argumente der Hypothesenbestätigung oder der Hypothesenwiderlegung setzen Sie ein, um Hypothesen entweder zu verifizieren oder sie zu widerlegen. Beide Argumentformen lassen sich durch folgende Fragen testen:

Ist es wirklich der Fall, daß wenn die Hypothese A wahr ist, Ereignis B beobachtet werden sollte?

Wurde Ereignis B tatsächlich beobachtet?

Könnte Ereignis B auch auf andere Weise erklärt werden als durch Hypothese A?

Wenn Sie in einem Indizienargument Indizien zu einer Indizienkette aufbauen, können Sie Ihre Argumentation stärken. Die Summe der Indizien ergibt ein sehr starkes Argument. Achten Sie auf eine vorsichtige Formulierung Ihres Indizienarguments. Das erhöht die Glaubwürdigkeit Ihrer Argumentation. Die wichtigsten Testfragen für Indizienargumente sind:

Wie stark ist die Korrelation zwischen Indiz und dem bezeichneten Ereignis?

Könnten andere Ereignisse das Auftreten des Indizes mindestens genauso gut oder sogar zuverlässiger erklären?

4.7 Und die Konsequenz?

Obwohl mit dem neuen Produkt viele Kunden gewonnen werden konnten, hat das Softwareunternehmen NOW auch ein paar Sorgen. In den letzten zwei Monaten stiegen die Beschwerden drastisch an. Einige Kunden, vor allem Firmenkunden, hat man definitiv verloren, weil man ihnen offensichtlich nicht mehr den gewohnten Service bot. Linda, die Vertriebsleiterin, unterhält sich über diese Situation mit dem Geschäftsführer. Sie macht ihm folgenden Vorschlag: „Die Situation wird immer schlimmer. Wir müssen unbedingt etwas dagegen unternehmen. Ich finde, wir sollten ein professionelles Beschwerdemanagement einführen. Denn dadurch haben wir die Chance, unzufriedene Kunden wieder zu zufriedenen zu machen, und wir könnten unsere Kunden noch enger an uns binden. Was meinen Sie dazu?“

Den Argumenttyp, den Linda benutzt, um den Geschäftsführer von ihrer Konklusion zu überzeugen, daß ein professionelles Beschwerdemanagement eingeführt werden sollte, nennt man **Argument der praktischen Konsequenzen**. Man benutzt diese Argumentform, um für oder auch gegen die Ausführung einer Handlung zu argumentieren, indem man auf die positiven beziehungsweise negativen Folgen dieser Handlung hinweist. Ein Argument der praktischen Konsequenzen ist ein LowPower-Argument. Es hat folgende Form:

Wenn A getan wird, entstehen folgende positiven/negativen Folgen.

Daher: A sollte ausgeführt werden bzw. nicht ausgeführt werden.

Lindas Argument können wir mit diesem Schema auf folgende Weise rekonstruieren:

Wenn wir ein professionelles Beschwerdemanagement einführen, dann haben wir die Chance, unzufriedene Kunden wieder zu zufriedenen zu machen, und wir könnten unsere Kunden noch enger an uns binden.

Daher: Wir sollten ein professionelles Beschwerdemanagement einführen.

In ihrer positiven Form wird diese Argumentform oft in einer sogenannten Nutzen- oder Vorteilsargumentation eingesetzt. Dabei wird für eine Handlung argumentiert, indem auf die für den Adressaten positiven Folgen oder Vorteile hingewiesen wird. Die Nutzen- oder Vorteilsargumentation ist die meistverbreitete Form der Verkaufsargumentation. Ein Argument der praktischen Konsequenzen kann hohe Überzeugungskraft für den Adressaten besitzen. Der folgende Fall bietet ein Beispiel für die negative Variante dieser Argumentform:

■ ***Beispiel***

In einem Unternehmen ist eine größere Umstrukturierung geplant. Dabei sollen verschiedene Abteilungen zusammengelegt werden. Walter, der Betriebsrat, ist gegen diese Umstrukturierung. Er äußert seine Bedenken bei einer Besprechung: *„Die Umstrukturierung wird nur dazu führen, daß die Mitarbeiter völlig demotiviert sind. Schließlich werden sie innerlich kündigen und die Arbeit verweigern. Ich bin daher gegen diese Maßnahmen.“* ■

Walter benutzt ein Argument der praktischen Konsequenzen, um gegen die Umstrukturierung zu argumentieren. Seine Prämisse besteht in der Beschreibung der negativen Folgen, die aus der Umstrukturierung, seiner Meinung nach, entstehen werden.

Argumente der praktischen Konsequenzen sind sehr beliebte Argumente, sowohl in ihrer negativen als auch positiven Form. Ihre Stärke hängt von zwei Faktoren ab: Zum einen von der Wahrscheinlichkeit, daß die genannten Konsequenzen tatsächlich eintreten, wenn eine bestimmte Handlung vollzogen wird. Zum anderen natürlich auch davon, ob keine gegenteiligen Folgen in Betracht gezogen werden müssen, die die genannten Konsequenzen in ihrem Gewicht aufwiegen könnten. Denn meistens hat jede Seite Vor- und Nachteile.

Um wirkungsvoll zu sein, sollten sich die positiven und negativen Folgen in einem Argument der praktischen Konsequenzen auf die Sicht des Adressaten beziehen. Was heißt das? Im positiven Fall bedeutet es: Die genannten Konsequenzen dienen den Zielen des Adressaten. Im negativen Fall bedeutet es: Die beschriebenen Folgen stehen der Umsetzung dieser Ziele entgegen und liegen daher nicht im Interesse des Adressaten.

Die negative Variante dieser Argumentation wird oft als Taktik benutzt, um den Gesprächspartner einzuschüchtern. Wir können diese Taktik **Schwarzfärberei** nennen. Dabei werden die negativen Konsequenzen in so drastisch düsteren Farben ausgemalt, daß man sich der Position des Redners nur zu gern anschließt, nur um dieses düstere Bild zu vertreiben:

Beispiel

Margot ist gegen eine Änderung des Bildungssystems. Bei einer Diskussion mit Bildungsexperten erläutert sie ihren Standpunkt: *„Was werden die Folgen der Bildungsreform sein? Das Studieren wird nur noch den Kindern der Reichen möglich sein, einige Universitäten werden keine ausreichenden Mittel mehr zur Verfügung haben, es kommt zu einer rapiden Verschlechterung des allgemeinen Wissenstandes. Ich frage Sie: wollen wir das allen Ernstes?“*

Margot benutzt hier ein Argument der praktischen Konsequenzen in seiner negativen Variante. Ihre Konklusion formuliert sie dabei in Form einer rhetorischen Frage.

Wie wehrt man sich gegen Schwarzfärberei? Es gibt zwei gute Möglichkeiten:

1. Sie nennen die Taktik beim Namen, machen also darauf aufmerksam, welche Taktik der Gesprächspartner gerade angewendet hat.
2. Sie kontern die Taktik, indem Sie auf positive Konsequenzen hinweisen.

Rudi nutzt im folgenden Beispiel beide Möglichkeiten, um auf Margots Argument zu reagieren:

Beispiel

Rudi antwortet auf Margots Äußerung: *„Ich glaube, es ist nicht sehr konstruktiv, wenn Sie reine Schwarzfärberei betreiben. Sie lassen völlig die andere Seite außer acht, und die fällt weit schwerer ins Gewicht. Durch die lang überfällige Bildungsreform werden wir erreichen, daß junge Menschen nicht am Arbeitsmarkt vorbei qualifiziert werden, daß die Lehrinhalte an den Universitäten endlich gestrafft werden und Lernen wieder effektiver wird. Sind das nicht Dinge, die wir alle wollen?“*

Rudi imitiert den Argumentationsaufbau Margots und formuliert seine Konklusion ebenfalls in Gestalt einer rhetorischen Frage.

Empfehlungen für Ihre Argumentationspraxis

Ein Argument der praktischen Konsequenzen setzen Sie ein, wenn Sie für beziehungsweise gegen die Ausführung einer Handlung argumentieren möchten. Dabei machen Sie in der Prämisse auf die positiven beziehungsweise negativen Folgen dieser Handlung aufmerksam.

In der positiven Variante kann diese Argumentform ein überzeugendes Instrument sein, um den Gesprächspartner vom Nutzen beziehungsweise den Vorteilen Ihrer Idee, Ihres Vorschlages, Ihres Produktes zu überzeugen.

Argumente der praktischen Konsequenzen testen Sie durch folgende Fragen:

Wie hoch ist die Wahrscheinlichkeit, daß die genannten Konsequenzen tatsächlich eintreten?

Gibt es wichtige gegenteilige Konsequenzen, die berücksichtigt werden sollten?

4.8 Vorsicht Lawine!

Die Stimmung in der Talkshow ist aufgeheizt. Der Moderator hat Mühe, die Gemüter der Diskussionsteilnehmer zu beruhigen. Richard meldet sich lautstark zu Wort: „Was werden die Folgen sein, wenn wir den Gebrauch von Haschisch tatsächlich freigeben? Halten Sie sich das mal genau vor Augen! Es wird zu einer allgemeinen Imageaufwertung von Drogen kommen. Als nächsten Schritt wird man fordern, auch die sogenannten harten Drogen zu legalisieren. Wohin wird uns das führen? In eine drogenabhängige Gesellschaft. Die Freigabe von Haschisch muß daher mit allen Mitteln bekämpft werden!"

Richard argumentiert hier für die Position, daß der Gebrauch von Haschisch nicht legalisiert werden sollte. Er benutzt ein ganz spezielles Argument, um diesen Standpunkt zu begründen, ein sogenanntes **Lawinenargument**.

Lawinen können schon durch eine kleine Unachtsamkeit ausgelöst werden. Sie beginnen oft ganz sanft und unspektakulär, reißen aber schließlich alles mit in die Tiefe. Diese Kraft von Lawinen kann man sich beim Argumentieren zunutze machen. Dabei beginnt man mit einem Vorschlag, der auf den ersten Blick vielleicht sogar ganz vernünftig aussieht. Im nächsten Schritt wird aus diesem Vorschlag jedoch eine ganze Kette verhängnisvoller Konsequenzen abgeleitet, die in einen volllkommen unakzeptablen Zustand münden. Daraus kann man schließlich nur noch folgern, daß der ursprüngliche Vorschlag abgelehnt werden muß. Ein solches Lawinenargument hat folgende Form:

> A ist ein Vorschlag, der zur Diskussion steht und anfänglich plausibel aussieht.
>
> Wenn A tatsächlich verwirklicht wird, würde er vermutlich B verursachen, B schließlich C… schließlich wäre G die Folge.
> G ist eine unakzeptable Folge.
>
> ---
>
> Daher: A sollte nicht verwirklicht werden.

Richards Argument ist nach diesem Schema aufgebaut. Wir können es auf folgende Weise rekonstruieren:

> Es steht der Vorschlag zur Diskussion, daß Haschisch legalisiert werden sollte.
>
> Wenn dies tatsächlich geschieht, kommt es zu einer allgemeinen Imageaufwertung von Drogen. Diese Imageaufwertung wird zur Forderung führen, daß auch harte Drogen freigegeben werden sollten. Schließlich führt uns das in eine drogenabhängige Gesellschaft.
> Das ist eine unakzeptable Konsequenz.
>
> ---
>
> Daher: Haschisch darf nicht legalisiert werden.

Ein Lawinenargument ist ein LowPower-Argument, das heißt, es ist in der Regel nicht besonders stark. Es genügt aber, um die Beweislast in einer Argumentationssituation zu verschieben. Das zeigt auch folgender Fall:

■ *Beispiel*

Bei der OMEGA Electric wird überlegt, welche zukünftige Preisstrategie eingeschlagen werden sollte. Ein Vorschlag ist, die Preise zu senken, um auf diese Weise mehr Käufer zu gewinnen. Katharina, Mitglied der Geschäftsleitung, ist gegen diesen Vorschlag: *„Wenn wir jetzt die Preise senken, wird unser größter Konkurrent Alphamind mit Sicherheit nachziehen. Vielleicht wird dies dann nur der Auftakt dafür, daß andere Unternehmen unserer Branche weitere Preissenkungen durchführen. Das Ergebnis wird ein ruinöser Preiskampf sein."* ■

Katharina opponiert also gegen den Vorschlag der Preissenkung, indem sie auf eine Kette möglicher Konsequenzen hinweist, die schließlich negative Auswirkungen auf OMEGA Electric haben könnten.

Unsere beiden Beispiele zeigen, daß Lawinenargumente in der Regel dazu eingesetzt werden, um vor bestimmten Handlungen zu warnen. Tatsächlich werden Lawinenargumente oft eingesetzt, um den Gesprächspartner einzuschüchtern. In dieser Hinsicht ähneln sie sehr stark Argumenten der praktischen Konsequenzen in deren negativer Variante.

Wenn Lawinenargumente vorgebracht werden, sollte man darauf achten, ob A (siehe das Schema) tatsächlich der Vorschlag ist, der vom Opponenten aufgestellt wurde. Oft werden nämlich die ursprünglichen Behauptungen verzerrt. Die zweite Sollbruchstelle eines Lawinenarguments liegt in der Kausalkette, die konstruiert wird. Ein Lawinenargument ist nur so stark wie die behaupteten kausalen Verknüpfungen. Zuletzt kann man sich fragen, ob bzw. mit welcher Wahrscheinlichkeit das Endergebnis der Folgen tatsächlich zu erwarten ist und ob es tatsächlich so negativ sein wird wie dargestellt.

Der Schlüssel für die Bewertung eines Lawinenarguments liegt allerdings in der behaupteten Kausalkette. Häufig sind die einzelnen Glieder dieser Kette nur sehr schwach verzahnt. Will man ein Lawinenargument angreifen, empfiehlt sich, am schwächsten Punkt in der Kette anzusetzen. Richards Lawinenargument gegen die Freigabe von Haschisch könnte genau an dieser Stelle angegriffen werden. Führt zum Beispiel die Tatsache, daß man die Legalisierung harter Drogen fordert, zur drogenabhängigen Gesellschaft? Diese Kausalfolge erscheint für sich genommen sehr schwach und daher unhaltbar.

Wenn die Verbindung der einzelnen Glieder in der Kette der Kausalfolgen jedoch relativ stark ist, dann kann das Lawinenargument durchaus ein brauchbares, plausibles Argument sein, das dabei helfen kann, vor einer bestimmten Handlung oder Aktion auf vernünftige Art und Weise zu warnen.

Die Stärke eines Lawinenarguments testen Sie dabei durch folgende Fragen:

Wurde der ursprüngliche Vorschlag richtig wiedergegeben?

Wie stark sind die Kausalglieder in der Kette der Folgen, die aufgeführt werden?

Welche Kausalglieder sind am schwächsten verknüpft?

Folgt das Endergebnis tatsächlich?

Ist das Endergebnis wirklich so negativ wie behauptet?

Lawinenargumente treten auch in Kurzfassungen auf. In diesem Fall werden die Glieder der Kausalkette weggelassen und nur der End- und Anfangszustand werden genannt. Sehen wir uns dazu folgendes Beispiel an:

Beispiel

Karin diskutiert mit ihren Freunden die Gesetzesänderungen für den sogenannten großen Lauschangriff: „*Was sind die Folgen des großen Lauschangriffs? Wir machen den ersten Schritt auf dem Weg in den Polizeistaat.*“

Karin benutzt ein Lawinenargument, läßt aber die kausalen Zwischenglieder einfach weg. Es ist klar, daß diese Kurzform eines Lawinenarguments noch schwächer ist als die Langform. Die kritische Frage ist hier die Frage nach den fehlenden Gliedern.

Präzedenzfälle

Neben der gerade besprochenen kausalen Version eines Lawinenarguments gibt es eine zweite wichtige Variante, die **Präzedenzfall-Lawi-**

ne. Dabei wird argumentiert, daß, wenn man erst einmal einen Präzedenzfall schafft, man gezwungen ist, auch andere ähnliche Fälle gleich zu behandeln, was schlimme Folgen haben kann. Dazu gleich ein Beispiel:

Beispiel

Der Chef einer Fluggesellschaft argumentiert vor dem Personalrat:
„Wenn wir unseren Piloten erlauben, zweimal im Jahr Urlaub auf Hawai zu machen, werden wir dies schließlich auch den Mitarbeitern der anderen Abteilungen gewähren müssen. Das aber können wir dann nicht mehr finanzieren.“

Der Boss der Fluggesellschaft argumentiert also gegen die besondere Vergünstigung für die Piloten der Gesellschaft, weil dadurch ein Präzedenzfall geschaffen würde, der – aus Fairnessgründen – auch für die anderen Mitarbeiter gelten müßte, was jedoch nicht zu finanzieren sei. Das Präzedenzlawinenargument hat folgendes Schema:

Fall A setzt einen Präzedenzfall.
A ist ähnlich zu B, das heißt, wenn A als Präzedenzfall erlaubt ist, dann muß auch B erlaubt werden, …schließlich muß G erlaubt werden, will man nicht widersprüchlich werden.
G zu erlauben, ist nicht akzeptabel.

Daher: A zu erlauben, ist nicht akzeptabel.

Die kritischen Fragen für diese Variante eines Lawinenarguments sind:

Würde A wirklich einen Präzedenzfall setzen?
Stimmt die behauptete Folge von Ereignissen?
Ist das Endergebnis wirklich unvermeidbar, und ist es wirklich so negativ?

Wie stark ein Lawinenargument ist, hängt auch davon ab, wie schwach die Konklusion formuliert ist. Wenn man die Konklusion nämlich stark formuliert („Sie muß zwangsweise eintreten“), dann liefern die Prämissen in einem Lawinenargument wahrscheinlich nicht genügend Stützkraft. Wird die Konklusion abgeschwächt formuliert („Es wäre möglich,...“), gewinnt das Argument an Überzeugungskraft.

Definitorisches Lawinenargument

Es gibt noch eine dritte Version des Lawinenarguments, das definitorische Lawinenargument:

Beispiel

Anita: *„Würden Sie sagen, daß ein Mann, der nur ein einziges Haar auf seinem Kopf hat, eine Glatze hat?“*

Achim: *„Ja natürlich.“*

Anita: *„Wenn er jetzt ein Haar mehr hätte, also zwei Haare, würden Sie dann auch sagen, daß er glatzköpfig ist?“*

Achim: *„Ja klar.“*

Anita: *„Und wenn er jetzt noch ein Haar...“*

Achim: *„Ja.“*

Anita: *„Dann frage ich mich: wo ziehen Sie die Trennlinie zu einem Menschen mit und ohne Glatzkopf?“*

Diese Form des Lawinenarguments macht darauf aufmerksam, daß oft keine klare Grenze bei der Anwendung eines Begriffes gezogen werden kann. Dies funktioniert besonders da, wo vage Begriffe benutzt werden, die nicht eindeutig definiert sind.

Empfehlungen für Ihre Argumentationspraxis

Lawinenargumente benutzen Sie, um gegen bestimmte Handlungen oder Vorschläge zu opponieren. Dabei konstruieren Sie ein Kette von Folgen, die in einer unakzeptablen Situation endet. Ein Lawinenargument greifen Sie am besten dadurch an, daß Sie das schwächste Glied in der Kette herausgreifen. Kausale Lawinenargumente überprüfen Sie durch folgende Fragen:

Wurde der ursprüngliche Vorschlag richtig wiedergegeben?

Wie stark sind die Kausalglieder in der Kette der Folgen, die aufgeführt werden?

Welche Kausalglieder sind am schwächsten verknüpft?

Folgt das Endergebnis tatsächlich?

Ist das Endergebnis wirklich so negativ wie behauptet?

Präzendenzfall-Lawinenargumente testen Sie durch diese Fragen:

Setzt der gemachte Vorschlag wirklich einen Präzedenzfall?

Stimmt die behauptete Folge von Ereignissen?

Ist das Endergebnis wirklich unvermeidbar, und ist es wirklich so negativ?

4.9 Ein typischer Fall

Die Gesundheitsminister der EU haben gegen die Stimmen Deutschlands und Österreichs ein Verbot der Tabakwerbung beschlossen. In einer überregionalen Zeitung wird diskutiert, wie sinnvoll dieses Verbot ist. Der Autor schreibt: „Hinter dem Werbeverbot verbirgt sich die Hoffnung, daß dadurch der Genuß an Tabak zurückgedrängt werden kann. Doch diese Hoffnung ist vergeblich. In Italien und Frankreich ist der Zigarettenkonsum nach dem Verbot sogar noch gestiegen. In Rußland, wo seit 70 Jahren Tabakwerbung verboten ist, wird genauso viel geraucht wie in allen anderen Ländern, wo geworben werden darf."

Der Autor versucht in diesem kurzen Abschnitt die Konklusion zu begründen, daß das Verbot der Tabakwerbung den Tabakkonsum nicht zurückdrängen wird. Er begründet diesen Standpunkt mit Bezug auf die Beispiele Rußlands, Italiens und Frankreichs, wo ein Werbeverbot besteht. Der Autor benutzt ein **Beispielsargument**, um seine These zu begründen.

Er begründet seine Konklusion mit Bezug auf die Erfahrung aus einigen Beispielen. Wir wissen bereits aus dem Fehler der unzureichenden Statistik, daß wenige beobachtete Fälle normalerweise eine zu geringe Basis darstellen, um daraus eine allgemeine Wahrheit ableiten zu können. Trotzdem kann das Argument des Autors funktionieren. Der „Knackpunkt" ist, daß die Beispiele, die er zitiert, typische Beispiele darstellen, das heißt, sie müssen repräsentativ sein. In unserem Fall können die Länder Italien, Frankreich und Rußland als gute Repräsentanten für andere Länder betrachtet werden.

Beispielsargumente werden nach folgendem Schema gebildet:

Situation (Sache) A weist die Aspekte F und G auf.
A ist ein typischer (repräsentativer) Fall von Situationen (Sachen), die den Aspekt F aufweisen.

Daher: Normalerweise weisen Situationen (Sachen), die den Aspekt F aufweisen, auch den Aspekt G auf.

Wie können wir das Argument des Journalisten in diesem Schema rekonstruieren?

In Italien, Frankreich und Rußland existiert ein Werbeverbot (Aspekt F), und dieses Werbeverbot hat zu keinem geringeren Tabakkonsum geführt (Aspekt G).

Italien, Frankreich, Rußland sind repräsentative Beispiel für Länder, die ein Verbot der Tabakwerbung durchsetzen.

Daher: Normalerweise führt ein Verbot der Tabakwerbung in Ländern zu keinem geringeren Tabakkonsum.

Das Argument des Journalisten ist natürlich ein LowPower-Argument. Es ist ein schwaches Erfahrungsargument. Beispielsargumente treten in unseren Alltagsargumentationen sehr häufig auf. Sie können die Konklusion zwar nicht schlüssig begründen, aber plausibel machen.

Auf Beispielsargumente wird oft mit einem Gegenbeispiel reagiert. Diesem Manöver kann der Gesprächspartner, von dem das ursprüngliche Beispielsargument stammt, meistens mit einschränkenden Bemerkungen begegnen. Das sehen wir in folgendem Fall. Dabei bringt Klaus zuerst ein Beispielsargument, Max greift dieses Argument mit einem Gegenbeispiel an, was Klaus wiederum dazu zwingt, sein ursprüngliches Argument abzuschwächen und einzuschränken.

■ ***Beispiel***

Klaus und Max sind Mitarbeiter bei der Konsul GmbH, einem Beratungsunternehmen, das Geschäftsbeziehungen zu japanischen Unternehmen unterhält. Klaus und Max diskutieren darüber, welche Argumente gegenüber japanischen Kunden am stärksten wiegen. Es entsteht folgender Dialog:

Klaus: „*Als wir mit Wakayama Inc. zu tun hatten, war die Frage nach den Marktanteilen ein Punkt, der immer wieder in den Vordergrund trat. Wakayama interessierte sich mehr für Marktanteile als für den Shareholder Value. Wakayama ist ein typisches japanisches Unternehmen. Wir können daher davon ausgehen, daß wir auch bei den anderen japanischen Unternehmen mehr erreichen, wenn wir mit einer Steigerung des Marktanteils argumentieren.“*

Max: *„Das Unternehmen Takeda war sehr wohl am Shareholder Value interessiert.“*

Klaus: *„Ich meine natürlich, daß japanische Unternehmen im Normalfall an der Steigerung des Marktanteils primäres Interesse haben. Takeda bildet da tatsächlich eine Ausnahme.“* ■

Klaus schränkt also die Konklusion seines ursprünglichen Beispielsarguments ein. Bei dieser Einschränkung benutzt man Ausdrücke wie „normalerweise“ oder „gewöhnlich“. Durch dieses Manöver erkennt man an, daß es durchaus untypische Beispiele oder Abweichungen vom Normalfall geben kann.

Die Stärke eines Beispielsarguments hängt von mehreren Faktoren ab:

1. Das zitierte Beispiel muß der Realität entsprechen und wahr sein. Wakayama Inc. muß wirklich an einer Steigerung des Marktanteils mehr interessiert sein als am Konzept des Shareholder Value.

2. Das Beispiel muß die Verallgemeinerung tatsächlich stützen und ein typisches, repräsentatives Beispiel sein.

3. Wenn die Verallgemeinerung nur auf einen sehr engen Bereich zutrifft, dann handelt es sich um kein sehr starkes Argument. Dann kann es zwar für einige Fälle gelten, aber letztlich ist es einfach schwach.

4. Wenn die Konklusion eine strikte Verallgemeinerung darstellt („Alle ...“), dann handelt es sich um ein äußerst schwaches Argument - weil es sehr leicht durch eine Ausnahme zu widerlegen ist. Wenn die Konklusion einschränkend formuliert wurde, kann es sich um ein sehr vernünftiges LowPower-Argument handeln. Leider ist in der Alltagsargumentation nicht immer klar zu erkennen, wie die Konklusion gemeint ist.

5. Im Beispiel können spezielle Umstände stecken, die die Verallgemeinerung beeinflussen können.

Das Beispielsargument hat Ähnlichkeiten mit dem Analogieargument. Im Beispielsargument wird nämlich ein Fall als typisches Beispiel für eine Reihe anderere Fälle hingestellt. Ein typisches Beispiel liegt dann vor, wenn es hinreichend viele Ähnlichkeiten mit den anderen Fällen hat.

Achtung: Nicht jedes Beispiel soll eine Konklusion begründen. Oft dienen Beispiele nur zur Illustration. Diese Fälle müssen von denen unterschieden werden, in denen die Beispiele als Prämissen in einer Argumentation genutzt werden. Wir müssen also darauf achten, ob ein Beispiel nur zu dem Zweck eingeführt wird, einen Sachverhalt zu veranschaulichen, oder ob es zum Ausgangspunkt eines Arguments wird.

Empfehlungen für Ihre Argumentationspraxis

Ein Beispielsargument kann große Überzeugungskraft besitzen, weil Beispiele erstens sehr anschaulich sind, und zweitens in den meisten Fällen ein Beispiel genannt wird, mit dem der Hörer vertraut ist. Wenn Sie ein Beispielsargument benutzen, dann achten Sie darauf, Ihre Konklusion nicht zu strikt zu formulieren, denn Ihre Prämissen können sonst keine Unterstützung mehr leisten. Wenn Sie ein Beispielsargument angreifen möchten, kann es sinnvoll sein, mit einem Gegenbeispiel aufzuwarten. Beispielsargumente können Sie durch folgende kritische Fragen testen:

Stimmt das Beispiel überhaupt? Ist es eine Beschreibung der Realität, oder ist die im Beispielsfall beschriebene Tatsache gar nicht richtig?

Stützt das Beispiel die Verallgemeinerung? Ist das Beispiel wirklich ein typisches Beispiel?

Ist die Konklusion (Verallgemeinerung) sehr stark oder schwach formuliert?

Machen vielleicht spezielle Umstände im Beispiel die Konklusion unhaltbar?

4.10 Nur keine Verschwendung

Seit drei Jahren arbeitet Ludwig an seiner Doktorarbeit. Im Moment steckt er jedoch in einer tiefen Krise. Seine eigenen Thesen erscheinen ihm unsicher. Er ist im Zweifel, ob er sich auf dem richtigen Weg befindet und spielt daher mit dem Gedanken, seine Promotion ganz abzubrechen. Manuela, seine Frau, versucht ihn davon abzubringen: „Schau, du hast bereits so viel Energie in deine Doktorarbeit investiert. Es wäre doch schade, wenn das alles umsonst gewesen wäre, vor allem, wenn man so kurz vor dem Ziel steht, wie du jetzt."

Das Argument, das Manuela benutzt, um Ludwig davon zu überzeugen, weiter an seiner Doktorarbeit zu schreiben, nennen wir **Verschwendungsargument**. Sie begründet ihre Konklusion, weiter an der Doktorarbeit zu arbeiten mit der Tatsache, daß sonst die investierte Zeit und Energie verloren wäre.

Ein Verschwendungsargument ist ein LowPower-Argument. Es kann die Plausibilität einer Konklusion begründen, aber mehr nicht. Das Verschwendungsargument hat folgendes Schema:

Wenn Person X jetzt aufhören würde, Ziel A weiter zu verfolgen, wären alle Anstrengungen, A zu erreichen, umsonst gewesen.

Es ist negativ, wenn Anstrengungen, die gemacht werden, um A zu erreichen, verschwendet wären.

Daher: X sollte weiter versuchen, A zu erreichen.

Obwohl ein Verschwendungsargument ein sehr schwaches Argument ist, kann es in einigen Fällen sehr brauchbar sein. Hinter dem Verschwendungsargument steht dabei eine Art Kosten-Nutzen-Analyse. Es gilt abzuwägen, welche Kosten einem möglichen Nutzen gegenüberstehen. Verschwendungen sind der Kostenseite zuzuschlagen. Das Argument wirkt umso überzeugender, je klarer der zukünftige Nutzen vor Augen steht. Die Kosten-Nutzen-Analyse ist dabei auch davon abhängig, wie klar das Ziel formuliert ist, das man erreichen möchte.

Denn erst an einem klar formulierten Ziel kann man den zu erwartenden Erfolg (Grad der Zielerreichung) messen. Ludwig überlegt, die Dissertation abzubrechen. Wenn er den Erfolg nur an dem Ziel mißt, einen Titel zu haben, dann kann es sein, daß seine Kosten-Nutzen-Analyse ihn dazu führt, die Dissertation aufzugeben, weil ihm der damit verbundene Streß höher erscheint als der Nutzen. Wenn das Ziel seiner Promotion jedoch der qualifizierte Einstieg in eine anspruchsvolle Karriere ist, dann kann seine Kosten-Nutzen Rechnung wieder ganz anders aussehen, und das Verschwendungsargument gewinnt an Gewicht. Sehen wir uns ein weiteres Beispiel an:

■ ***Beispiel***

Regina und ihre Bankkollegen diskutieren, ob einem ihrer Firmenkunden ein weiterer Kredit eingeräumt werden sollte. Regina sagt: *„Wir haben für unseren Kunden bereits eine ganze Menge Geld zur Verfügung gestellt. All das ist möglicherweise verloren, wenn wir jetzt nicht noch einmal die Kreditlinie erhöhen. Vor allem angesichts der Tatsache, daß das neue Vertriebskonzept unseres Kunden große Erfolgschancen besitzt."* ■

Regina argumentiert hier mit dem Geld, das vielleicht völlig abgeschrieben werden muß, wenn man dem Kunden nicht noch einmal eine Finanzspritze gibt. Die Stärke ihres Arguments hängt von den Erfolgsaussichten ab, die der erneuten Kreditvergabe gegenüberstehen. Wenn es jedoch keine unabhängigen Gründe für einen möglichen Erfolg gibt, dann kann man bei der Anwendung eines Verschwendungsarguments schnell in einen Fehlschluß geraten. Das passiert im nächsten Fall:

■ ***Beispiel***

Gerlinde hat in spekulative Aktien investiert. Die Aktienkurse steigen jedoch nicht, wie erwartet, sondern sie sinken dramatisch. Sie beschließt, die Aktien dennoch nicht zu verkaufen, sondern zu halten. Ihre Begründung: *„Ich habe jetzt bereits so viel Geld investiert, das alles verloren wäre, wenn ich jetzt die Aktien abstoßen würde. Ich werde die Aktien daher nicht verkaufen."* ■

In diesem Verschwendungsargument ist ein Fehlschluß verborgen. Gerlindes Argumentation wäre sinnvoll, wenn sie unabhängige Gründe dafür hätte, daß die Aktienkurse bald wieder zu steigen versprechen. Wenn keine solchen Gründe existieren, kann Gerlindes Verschwendungsargument zu einem kompletten Desaster führen.

Diese Argumentation ähnelt dem **Spielerfehlschluß**: Dabei argumentiert ein Glücksspieler, daß beim nächsten Wurf bestimmt seine Zahl kommen werde, weil sie so lange ausgeblieben sei. Der Spieler übersieht, daß die Wahrscheinlichkeit, daß eine bestimmte Zahl erscheint, bei jedem Wurf die gleiche bleibt.

Empfehlungen für Ihre Argumentationspraxis

Ein Verschwendungsargument setzen Sie ein, um für die Weiterverfolgung eines Ziels zu plädieren. Dabei machen Sie darauf aufmerksam, daß alle Anstrengungen umsonst gewesen wären, würde man das Ziel nicht mehr anstreben.

Ein Verschwendungsargument kann durch folgende kritische Fragen getestet werden:

Stellen die Versuche von Person X, Ziel A zu verwirklichen, wirklich einen negativen Wert dar?

Gibt es eine ausreichende Chance, daß X A erreichen wird, wenn er A weiter verfolgt?

Ist aus diesem Blickwinkel der Wert, A zu erreichen, höher als der Wert (Kosten), der mit der Weiterverfolgung von A verbunden ist?

4.11 Das sind die Regeln

Ina und ihr kleines Werbeteam stehen unter gehörigem Druck. Wahrscheinlich werden sie den Termin für die Wettbewerbspräsentation nicht einhalten können. Ina telefoniert daher mit Petra, die für die Organisation der Präsentation verantwortlich ist:

Ina: „Die Abgabe unserer Präsentation wird sich etwas verzögern. Sind Sie einverstanden, wenn Sie sie zwei Tage später erhalten?"

Petra: „Das ist leider nicht möglich. Alle haben sich damit einverstanden erklärt, daß der Abgabetermin der 30. Oktober ist. Wir können von dieser Regel keine Ausnahme machen."

Petra schlägt Inas Wunsch mit der Begründung ab, daß es eine Regel gibt, die sonst verletzt würde. Wir nennen dieses Argument **Regelargument**. Es ist ein LowPower-Argument. Es dient dazu, die Beweislast zu verschieben. Das heißt in unserem Fall, daß Ina nun die Aufgabe hat zu begründen, warum eine Ausnahme in Frage kommen könnte. Petra könnte ihr Argument dabei noch um den Punkt ergänzen, daß es unfair gegenüber den anderen wäre, jetzt eine Ausnahme von der Regel zu machen.

In vielen unserer Begründungen nehmen wir Bezug auf existierende Regeln. Eine Regel ist umso stärker, je mehr sie auf einer gemeinsamen Vereinbarung beruht. Das heißt, der Gesprächspartner, der auf eine Ausnahme hinwirken möchte, hat der Regel selbst zugestimmt. Er kann also nicht sagen, daß er die Regel nicht gekannt habe oder daß sie unfair sei. Das Regelargument funktioniert nach folgendem Schema:

Wenn A eine etablierte Regel ist, dann muß man sich an die Regel halten.

A ist eine etablierte Regel für die Person X.

Daher: X muß sich an A halten.

Die Stärke dieses Arguments hängt davon ab, ob wirklich eine solche Regel existiert, ob die Regel auf den vorliegenden Fall anwendbar ist und ob die Regel überhaupt sinnvoll ist. Der letzte Punkt kann in die Frage münden, ob die Regel eine vernünftige Regel darstellt. An dieser Stelle könnte man also die Regel selbst kritisieren.

Ausnahmen

Nun gelten Regeln meistens nicht absolut. Es gibt vielmehr vernünftige Ausnahmen. Daher ist es eine beliebte Taktik, ein Regelargument durch ein Gegenargument auszuhebeln, bei dem man auf eine Ausnahmesituation aufmerksam macht. Dieses Argument orientiert sich am folgenden Schema. Wir können es das **Ausnahmeargument** nennen:

Wenn eine Situation S eine vernünftige Ausnahme darstellt, dann ist die Regel nicht anwendbar.

S ist eine vernünftige Ausnahme.

Daher: Die Regel ist nicht anwendbar.

Dieses Ausnahmeargument kann benutzt werden, um den Ball zu dem zurückzuspielen, der ein Regelargument vorgebracht hat. Die andere Seite müßte daraufhin zeigen, warum die Ausnahme nicht gilt oder keine gerechtfertigte Ausnahme von der Regel darstellt. Im nächsten Beispiel können wir dieses Manöver beobachten.

Beispiel

Bruno auf einer Besprechung der Abteilungsleiter bei BIOWORLD: *„Anfang des Jahres haben wir gemeinsam die Vereinbarung getroffen, daß alle Abteilungen Auskunft über ihre Entwicklung geben. Es ist daher nicht in Ordnung, daß die Biotechnik-Abteilung jetzt versucht, sich ihrer Verpflichtung zu entziehen.“*

Franziska, die Leiterin der Biotechnik-Abteilung rechtfertigt sich: *„Wir arbeiten in unserer Abteilung gerade an einem Projekt, das absoluter Geheimhaltung unterworfen ist, um so die Wahrscheinlichkeit zu reduzieren, daß bewußt oder unbewußt Informationen an die Konkurrenz gelangen. Ich glaube dieser Ausnahmefall rechtfertigt, daß wir dieses Mal keine Informationen herausgeben.“*

In diesem Beispiel bringt Bruno zuerst ein Regelargument. Dabei weist er gleichzeitig darauf hin, daß es sich bei der Regel um eine gemeinsam getroffene Vereinbarung handelt. Franziska verteidigt sich anschließend mit einem Ausnahmeargument. Sie macht deutlich, daß es legitime Sicherheitsgründe gibt, die eine Ausnahme von der Regel rechtfertigen.

Empfehlungen für Ihre Argumentationspraxis

Die Chancen, durch ein Regelargument zu überzeugen, erhöhen sich, wenn Sie den Sinn der Regel erläutern, oder darauf aufmerksam machen, daß es anderen gegenüber unfair wäre, die Regel in einem speziellen Fall außer Kraft zu setzen. Ein weiterer Pluspunkt ist, wenn der Adressat der Regel selbst zugestimmt hat. Regelargumente überprüfen Sie durch folgende Fragen:

Gibt es die vermeintliche Regel überhaupt?
Ist die Regel im vorliegenden Fall anwendbar?
Ist die Regel überhaupt vernünftig, oder ist sie selbst kritisierbar?
Aus welchem Grund wurde die Regel aufgestellt – und sind die Bedingungen dafür noch gegeben?

Ein Regelargument können Sie durch ein Gegenargument, das sogenannte Ausnahmeargument angreifen. Das Ausnahmeargument wiederum können Sie durch folgende kritische Fragen testen: Ist der Fall wirklich eine Ausnahme von der Regel? Kann begründet werden, warum der spezielle Fall eine Ausnahme darstellt? Könnte es sein, daß ein Präzedenzfall geschaffen wird, der zur Unterhöhlung der Regel führt, weil ähnliche Situationen als Ausnahmefälle geltend gemacht werden?

4.12 Alle HighPower- und LowPower-Argumente auf einen Blick

In diesem Kapitel haben wir Ihnen wichtige HighPower- und LowPower-Argumente vorgestellt, die sehr oft in Alltagsargumentationen vorkommen. Zum Schluß geben wir Ihnen noch einmal einen Überblick über diese Argumentformen. Wir führen zu jeder Argumentform das zentrale Schema und ein anschauliches Beispiel an. Außerdem erläutern wir knapp die Einsatzmöglichkeiten sowie die potentiellen Schwachstellen.

Statistische Verallgemeinerung

X Prozent der untersuchten (beobachteten) Fälle F haben die Eigenschaft G.

Daher: X Prozent der F haben die Eigenschaft G.

Beispiel

70 Prozent der bei einer Studie befragten Unternehmen in Deutschland sind für die Abschaffung der Gewerbesteuer.

Daher: 70 Prozent der Unternehmen in Deutschland sind für eine Abschaffung der Gewerbesteuer.

Wann setzen Sie eine statistische Verallgemeinerung ein?

Wenn Sie – ausgehend von einem begrenzten Bereich beobachteter oder untersuchter Fälle – eine Verallgemeinerung aufstellen möchten.

Potentielle Schwachstellen: unklare Begriffe, falsche Präzision, unzureichende Daten, voreingenommene Daten.

Statistischer Syllogismus

X Prozent der Fälle (Dinge) F haben die Eigenschaft G.

a ist ein Fall (Ding) F.

Daher: a hat die Eigenschaft G.

Beispiel

Die meisten Menschen mögen Süßigkeiten.
Unsere Gäste bekommen heute ein Dessert.

Daher: Unsere Gäste werden das Dessert wahrscheinlich mögen.

Wann setzen Sie einen statistischen Syllogismus ein?

Wenn Sie von einem allgemeinen Sachverhalt auf einen Spezialfall schließen möchten.

Potentielle Schwachstelle: Vernachlässigung wichtiger Informationen.

Autoritätsargument

X ist ein Experte auf dem Gebiet Z.
X erklärt, daß Aussage A wahr ist.
Aussage A gehört zum Gebiet Z.

Daher: Aussage A ist vermutlich richtig.

Beispiel

Professor Huber ist ein anerkannter Wirtschaftsexperte.

Professor Huber hat erklärt, daß die Arbeitslosenzahl im nächsten Jahr sinken werde.

Professor Hubers Aussage gehört zum Gebiet der Wirtschaft.

Daher: Daß die Arbeitslosigkeit im nächsten Jahr sinken wird, ist vermutlich richtig.

Wann setzen Sie ein Autoritätsargument ein?

Wenn Sie sich auf einen Experten oder eine Autorität beziehen können, um ihren Standpunkt zu stützen, und so eine zweite Argumentationsfront aufbauen wollen.

Potentielle Schwachstellen: der „Experte" ist keiner, vager Bezug auf die Autorität, fehlerhafte Interpretation der Expertenmeinung.

Analogieargumente

Die Situation (Fall, Sache) S1 ist ähnlich zu Situation (Fall, Sache) S2.

A ist in S1 wahr (falsch).

Daher: A ist in S2 wahr (falsch).

■ ***Beispiel***

Die Physiologie von Mäusen ähnelt der Physiologie von Menschen.

Teer, der aus Zigarettenrauch extrahiert wurde und auf die Haut von Mäusen übertragen wurde, erzeugte Hautkrebs.

Daher: Zigarettenrauch verursacht vermutlich auch beim Menschen Krebs. ■

In Situation S1 war es richtig, H zu tun.
Situation S2 ist ähnlich zu Situation S1.

Daher: Es ist richtig, in S2 H zu tun.

■ ***Beispiel***

In der letzten Wirtschaftskrise war es richtig, die Zinsen zu senken.
Auch dieses Mal stehen wir vor einer ähnlichen wirtschaftlichen Situation.

Daher: Auch dieses Mal ist es vermutlich richtig, die Zinsen zu senken. ■

Wann setzen Sie Analogieargumente ein?

Wenn Sie Ihren Standpunkt auf einen Vergleich gründen können, mit dem der Adressat gut vertraut ist oder der beim Adressaten positive Gefühle weckt.

Potentielle Schwachstelle: falscher Vergleich.

Kausalschluß

Der Kausalschluß:

Es besteht eine positive Korrelation zwischen A und B.

Daher: A ist Ursache von B.

■ ***Beispiel***

Der 92 jährige Alfred Bauer starb zwei Tage, nachdem er von einem Auto angefahren wurde.

Daher: Der Unfall war vermutlich die Ursache seines Todes. ■

Wann setzen Sie einen Kausalschluß ein?

Wenn Sie aus der Korrelation zwischen Ereignissen auf einen Kausalzusammenhang schließen möchten.

Potentielle Schwachstellen: zufällige Korrelation, Verwechslung von Ursache und Wirkung, Fehler der gemeinsamen Ursache, Vernachlässigung zwischengeschalteter Faktoren.

Der Schluß von der Ursache auf die Wirkung:

Ereignis A hat in der Regel Ereignis B als Wirkung zur Folge. (Wenn A, dann im allgemeinen B).
Ereignis A tritt auf.

Daher: Ereignis B wird auch auftreten.

Beispiel

Wenn die Kaffeepreise steigen, dann sinkt der Kaffeekonsum.
Die Kaffeepreise steigen.

Daher: Vermutlich sinkt der Kaffeekonsum.

Wann setzen Sie den Schluß von der Ursache auf die Wirkung ein?

Wenn Sie von einem Ereignis, der Ursache, auf ein anderes Ereignis, die Wirkung, schließen möchten.

Potentielle Schwachstelle: Beziehung in der Wenn-dann-Prämisse nicht akzeptabel.

Hypothesenbestätigung

Wenn die Hypothese A wahr ist, dann ist die Beobachtung B wahrscheinlich.

Beobachtung B wird gemacht.

Daher: Die Hypothese A ist vermutlich wahr.

Beispiel

Wenn die Hypothese richtig ist, daß die Weiterbildung in Unternehmen immer wichtiger wird, dann sollten die Weiterbildungstage pro Mitarbeiter im Jahr steigen.

Die Weiterbildungstage pro Mitarbeiter im Jahr steigen.

Daher: Die Weiterbildung wird in den Unternehmen vermutlich immer wichtiger.

Wann setzen Sie die Hypothesenbestätigung ein?

Wenn Sie eine Vermutung auf ihre Richtigkeit hin überprüfen.

Potentielle Schwachstelle: Wenn-dann-Prämisse nicht akzeptabel.

Hypothesenwiderlegung

Wenn die Hypothese A wahr ist, dann muß B auch wahr sein.
B ist nicht wahr.

Daher: Die Hypothese A ist nicht wahr.

Beispiel

Wenn Max Interesse an Gabi hätte, wäre er zu Gabis Geburtstagsparty gekommen.

Max ist nicht zu Gabis Geburtstagsparty gekommen.

Daher: Max hat vermutlich kein Interesse an Gabi.

Wann setzen Sie die Hypothesenwiderlegung ein?

Wenn Sie eine Vermutung widerlegen möchten.

Potentielle Schwachstelle: Wenn-dann-Prämisse nicht akzeptabel.

Indizienargumente

Sachverhalt A wird beobachtet.
Sachverhalt A ist normalerweise ein Zeichen für Sachverhalt B.

Daher: B ist wahr.

Beispiel

Die Polizei fährt mit Blaulicht.

Wenn die Polizei mit Blaulicht fährt, dann ist das ein Zeichen, daß irgendwo etwas passiert ist.

Daher: Vermutlich ist irgendwo etwas passiert.

Wann setzen Sie Indizienargumente ein?

Wenn Sie aus Hinweisen und Zeichen eine Schlußfolgerung ableiten können.

Potentielle Schwachstelle: schwache Korrelation zwischen Indiz und dem bezeichneten Ereignis.

Argument der praktischen Konsequenzen

Wenn A getan wird, entstehen folgende positive/negative Folgen.

Daher: A sollte ausgeführt werden bzw. nicht ausgeführt werden.

Beispiel

Wenn wir ein Leitbild entwickeln, können wir ein besseres Erscheinungsbild für unser Unternehmen aufbauen.

Daher: Wir sollten ein Leitbild entwickeln.

Wann setzen Sie ein Argument der praktischen Konsequenzen ein?

Wenn Sie für beziehungsweise gegen die Ausführung einer Handlung argumentieren möchten. Dabei machen Sie in der Prämisse auf die positiven beziehungsweise negativen Folgen dieser Handlung aufmerksam.

Potentielle Schwachstelle: Wenn-dann-Prämisse nicht akzeptabel.

Lawinenargumente

Das kausale Lawinenargument:

A ist ein Vorschlag, der zur Diskussion steht und anfänglich plausibel aussieht.

Wenn A tatsächlich verwirklicht wird, würde er vermutlich B verursachen, B schließlich C … und schließlich wäre G die Folge.

G ist eine unakzeptable Folge.

Daher: A sollte nicht verwirklicht werden.

Beispiel

Es wird der Vorschlag gemacht, daß die Steuern erhöht werden sollten. Wenn die Steuern erhöht werden, dann werden die Unternehmen nicht mehr im Inland investieren; daraus ergibt sich, daß die Arbeitslosenzahl steigt; dies führt dazu, daß es zu sozialen Unruhen kommt.

Soziale Unruhen sind eine unakzeptable Folge.

Daher: Der Vorschlag, die Steuern zu erhöhen, sollte nicht verwirklicht werden.

Wann setzen Sie ein Lawinenargument ein?

Wenn Sie gegen bestimmte Handlungen oder Vorschläge opponieren möchten.

Potentielle Schwachstelle: schwache Folgebeziehungen in den Prämissen.

Das Präzedenzfall-Lawinenargument:

Fall A setzt einen Präzedenzfall.

A ist ähnlich zu B, das heißt, wenn A als Präzedenzfall erlaubt ist, dann muß auch B erlaubt werden,… und schließlich muß G erlaubt werden, will man nicht widersprüchlich werden.

G zu erlauben, ist nicht akzeptabel.

Daher: A zu erlauben, ist nicht akzeptabel.

Beispiel

Die Bonuszahlung für die Mitarbeiter der Forschungsabteilung setzt einen Präzedenzfall.

Wenn wir das erlauben, müssen wir auch der Marketingabteilung Bonuszahlungen gewähren und schließlich sogar allen Abteilungen.

Daher: Wir sollten von einer Bonuszahlung für die Forschungsabteilung Abstand nehmen.

Wann setzen Sie ein Präzedenzfall-Lawinenargument ein?

Wenn Sie gegen einen Vorschlag opponieren möchten.

Potentielle Schwachstelle: kein echter Präzedenzfall, schwache Folgebeziehungen in den Prämissen.

Beispielsargument

Situation (Sache) A weist die Aspekte F und G auf.

A ist ein typischer (repräsentativer) Fall von Situationen (Sachen), die den Aspekt F aufweisen.

Daher: Normalerweise weisen Situationen (Sachen), die den Aspekt F aufweisen, auch den Aspekt G auf.

Beispiel

Herr Sato ist ein japanischer Geschäftsmann. Er überreicht bei jeder Begrüßung feierlich seine Visitenkarte.

Herr Sato ist ein typischer japanischer Geschäftsmann.

Daher: Normalerweise überreichen alle japanischen Geschäftsleute bei der Begrüßung feierlich ihre Visitenkarte.

Wann setzen Sie ein Beispielsargument ein?

Wenn Sie Ihren Standpunkt mit Bezug auf ein typisches Beispiel begründen möchten.

Potentielle Schwachstelle: Beispiel ist untypisch oder fehlerhaft.

Verschwendungsargument

Wenn Person X jetzt aufhören würde, Ziel A weiter zu verfolgen, wären alle Anstrengungen, A zu erreichen, umsonst gewesen.

Es ist negativ, wenn Anstrengungen, die gemacht werden, um A zu erreichen, verschwendet wären.

Daher: X sollte weiter versuchen, A zu erreichen.

Beispiel

Wenn wir das Projekt abbrechen würden, wären alle Investitionen umsonst gewesen.

Es ist nicht richtig, diese Investitionen einfach abzuschreiben.

Daher: Das Projekt sollte nicht abgebrochen werden.

Wann setzen Sie ein Verschwendungsargument ein?

Wenn Sie für die Weiterverfolgung eines Ziels plädieren möchten.

Potentielle Schwachstelle: Die Kosten sind höher als der positive Wert des angestrebten Ziels.

Regelargument

Wenn A eine etablierte Regel ist, dann muß man sich an die Regel halten.

A ist eine etablierte Regel für die Person X.

Daher: X muß sich an A halten.

Beispiel

Es ist eine Regel, Seminararbeiten zum festgesetzten Termin abzugeben.

Diese Regel gilt auch für Sie, Paul.

Daher: Sie sollten sich an diese Regel halten.

Wann setzen Sie ein Regelargument ein?

Wenn Sie Ihren Standpunkt mit Bezug auf eine existierende Regel begründen können.

Potentielle Schwachstellen: Regel existiert nicht, Regel im vorliegenden Fall nicht anwendbar.

Ausnahmeargument

Wenn eine Situation S eine vernünftige Ausnahme darstellt, dann ist die Regel nicht anwendbar.

S ist eine vernünftige Ausnahme.

Daher: Die Regel ist nicht anwendbar.

■ ***Beispiel***

Herr Professor, ich war in den letzten vier Wochen im Krankenhaus. Das ist eine vernünftige Ausnahme zu unserer Regel, Seminararbeiten zum festgesetzten Termin abzugeben.

Daher: Diese Regel ist daher nicht auf mich anwendbar. ■

Wann setzen Sie ein Ausnahmeargument ein?

Wenn Sie gegen die Anwendung einer existierenden Regel argumentieren möchten.

Potentielle Schwachstelle: kein echter Ausnahmefall.

5 NoPower-Argumente: Unfaire Verführer

Wir haben bisher FullPower-, HighPower- und LowPower-Argumente besprochen. Sie erhielten ihre Namen je nach dem Stärkegrad, zu dem die Prämissen die Konklusion stützen. Wir haben dabei bereits auf einige Argumentationen aufmerksam gemacht, die zwar aussehen wie Argumente, aber gar keine echten Argumente sind, da die Prämissen die Konklusion in solchen Fällen nicht stützen. Solche vermeintlichen Argumente nennen wir **NoPower-Argumente**, was bedeuten soll, daß die Prämissen gar keine Begründung für einen Standpunkt oder eine Meinung liefern. Das heißt leider nicht, daß solche NoPower-Argumente keine Kraft in Kommunikationssituationen besitzen. Oft handelt es sich bei ihnen nämlich um sehr wirkungsvolle Manöver, die den Adressaten stark beeinflussen können und manchmal schwer abzuwehren sind.

In diesem Kapitel werden wir Ihnen einige Taktiken und Argumentationsfehler vorstellen, die benutzt werden, um den Gesprächspartner auf die eigene Seite zu ziehen oder ihn in seiner Sichtweise zu beeinflussen. Wir müssen dabei jedoch vorsichtig vorgehen. Denn es gibt Situationen, in denen NoPower-Argumente zu LowPower-Argumenten, also schwachen, aber vernünftigen Argumenten werden können. Die Grenzen sind hier fließend und hängen vom Gesprächskontext ab, in dem man sich befindet.

5.1 Die Brunnenvergiftung

Das Interessante an dieser Taktik ist, daß der Gesprächspartner oder Opponent in seiner Position erschüttert wird, bevor er überhaupt ein Wort geäußert hat. Die gegnerische Position wird so „vergiftet", daß, sobald jemand diese Position einnimmt, er sich selbst diffamiert. Der

Opponent „trinkt aus einem vergifteten Brunnen". Drei Beispiele illustrieren diese Taktik:

Beispiel

Ein Politiker argumentiert:

„Ich glaube niemand mit gesundem Menschenverstand wird bezweifeln, daß die Steuerlast gesenkt werden muß."

Sollten Sie dies dennoch in Frage stellen, muß man an Ihrem gesunden Menschenverstand zweifeln.

Beispiel

Der Marketingchef äußert:

„Wer unsere Zahlen ernsthaft in Frage stellt, kann nur wollen, daß unser gesamtes Projekt zum Scheitern gebracht wird."

Vielleicht bezweifeln Sie die Zahlen, aber wollen Sie als jemand dastehen, der das Projekt in Gefahr bringt?

Beispiel

Ein Wirtschaftsexperte äußert bei einem Kamingespräch:

„Natürlich gibt es immer noch Menschen mit mangelnder Urteilsfähigkeit, die glauben, die Währungsreform sei Unsinn."

Sollten Sie etwas gegen die Währungsrefom einzuwenden haben, kann man Ihnen also nur mangelnde Urteilsfähigkeit bescheinigen.

Sollten Sie in allen diesen Fällen entgegengesetzter Meinung sein, so „outen" Sie sich als Dummkopf, als jemand mit mangelnder Urteilsfähigkeit oder mit bösen Absichten. Da erscheint es vielen bestimmt gesünder, nicht aus diesen vergifteten Brunnen zu trinken.

Wann wird die Brunnenvergiftung eingesetzt?

Die Brunnenvergiftung wird als Taktik gern benutzt, wenn die eigene Position einer genaueren Untersuchung nicht standhält, wenn es um die eigene Sache also nicht zum besten steht. Sie ist besonders wirkungsvoll, wenn die gegnerische Position zwar korrekt ist, aber der landläufigen Meinung entgegensteht. Eine geschickte Brunnenvergiftung kann in so einem Fall die Korrektheit des gegnerischen Standpunkts wirkungsvoll überdecken.

Eine besonders raffinierte Variante der Brunnenvergiftung finden wir bei folgender Vorgehensweise: Man macht zuerst klar, daß ein gegnerischer Standpunkt von Vertretern bestimmter Interessengruppen stammt, die alle eigennützige Motive verfolgen. Im zweiten Schritt deutet man an, daß die eigene Position absolut objektiv und frei von egoistischen Interessen ist. Sobald nun jemand auftritt, der eine andere Position vertritt, wird er als typischer Interessenlobbyist hingestellt. Dieses Manöver finden wir auch bei Angriffen auf die Unparteilichkeit einer Person (siehe Abschnitt 5.3: Attacke!). Genau dies geschieht im nächsten Fall:

■ *Beispiel*

Sigi: *„Alle Gegenvorschläge zu unserem Konzept entspringen ausnahmslos den Motiven typischer Lobbyisten. Auch die Position von Herrn Meier ist ein klares Beispiel für die Lobbyinteressen, die er als Repräsentant der Energiewirtschaft vertritt. Wir dagegen haben immer klar formuliert, daß es uns um die sachlich beste Lösung geht, die die Bedürfnisse aller Beteiligten unvoreingenommen unter einen Hut bringt."* ■

Sigi diffamiert alle alternativen, potentiellen Vorschläge als von egoistischen Motiven geleitet. Dadurch versucht er den eigenen Standpunkt von Anfang an in ein positives Licht zu rücken.

Was kann man gegen eine Brunnenvergiftung tun?

Bevor wir ganz speziell auf diese Frage eingehen, zuerst einige Bemerkungen dazu, was man prinzipiell gegen ein NoPower-Argument, also eine Argumentationstaktik, tun kann:

Im Grunde haben Sie stets drei Möglichkeiten, auf Taktiken und Argumentationsfehler zu reagieren. (Schreiben Sie uns bitte, wenn Ihnen weitere einfallen sollten):

1. Sie nennen die Taktik oder den Fehler beim Namen und markieren ihn als irrelevant für eine kritische und lösungsorientierte Diskussion. Diese Reaktion hat manchmal den wirkungsvollen psychologischen Effekt, daß Ihr Gesprächspartner erkennt, daß Sie im logischen Argumentieren geschult sind und er dadurch in seiner Argumentation vorsichtiger wird.

2. Sie stellen kritische Fragen, die sofort die Schwachstellen der vermeintlichen Argumentation aufdecken.

3. Sie bringen einprägsame Gegenbeispiele oder starten einen wirksamen Gegenangriff, was oft dann notwendig sein kann, wenn eine beobachtende dritte Partei anwesend ist, zum Beispiel bei einer Podiums- oder Fernsehdiskussion.

Was kann man nun im speziellen Fall einer Brunnenvergiftung tun? Bei besonders deutlichen und plumpen Fällen von Brunnenvergiftung empfehlen wir:

Haben Sie Mut und trinken Sie aus dem Brunnen!

Es wird Ihnen weniger passieren als Sie befürchten. Insbesondere dann, wenn Sie den Gesprächspartner auf echte Argumente festnageln. In unserem ersten Beispielfall oben könnte man zum Beispiel so reagieren:

„Auch auf die Gefahr hin, daß mir gesunder Menschenverstand fehlt, bin ich doch der Meinung, daß es gute Gründe dafür gibt, warum die Steuerlast nicht gesenkt werden sollte. Ich kann Ihnen diese Gründe nennen…"

In weniger eindeutigen und versteckteren Fällen von Brunnenvergiftung

markieren Sie die unfaire Taktik,
stellen Sie kritische Fragen
oder fordern Sie auf, echte Gründe zu nennen.

Möglichkeiten, wie man auf Sigi im Beispielfall auf Seite 164 reagieren kann:

a) Sie markieren die Taktik und versuchen zur sachlichen Argumentation zurückzukehren:

   „Sie versuchen hier bestimmte Standpunkte von vornherein aus der Diskussion auszuschließen, indem Sie sie pauschal als von eigennützigen Interessen geleitet darstellen. Es können dadurch nicht alle Argumente wirklich vorurteilsfrei geprüft werden. Lassen Sie uns doch die Stärken der einzelnen Positionen und Argumente genau prüfen."

b) Sie markieren die Taktik in Form einer kritischen Frage:

   „Wieso versuchen Sie eine echte Auseinandersetzung mit Argumenten durch diese Taktik der Brunnenvergiftung zu verhindern?"

c) Sie starten einen Gegenangriff in Form eines **Du-Auch-Arguments** (Wie Du-Auch-Argumente genau funktionieren, werden Sie in Abschnitt 5.3: Attacke! erfahren), indem Sie auf die Gruppenzugehörigkeit des Opponenten abzielen. Das ist meistens leicht durchführbar – fast jeder Mensch gehört nämlich zu irgendeiner sozialen Gruppe:

„Sie haben gerade egoistische Gruppeninteressen angeführt. Das überrascht mich. Sind nicht gerade auch Sie als Vertreter der Politik von bestimmten Interessen geleitet?"

5.2 Die Tabuisierungstaktik

Es herrscht eisiges Klima bei der Vorstandssitzung des Rosenzuchtvereins „Rosa Rose e.V.". Gerüchte sind aufgekommen, daß der Schatzmeister und der Schriftführer sich für die Privatreisen zur letzten Gartenschau aus der Vereinskasse bedient hätten, ohne die Mitglieder darüber zu informieren. Der Vereinsvorsitzende, Otto, erhebt seine Stimme: „Einen Punkt möchte ich gleich vorwegschicken. Es wird heute nicht über Rücktritte diskutiert. Lassen Sie uns vielmehr darüber reden, zu welchen Zwecken unsere finanziellen Mittel eingesetzt werden sollen, so daß wir zu diesem Thema endlich Klarheit schaffen."

Otto benutzt in seiner Äußerung eine Taktik, um von vornherein ein bestimmtes Thema aus der Diskussion auszuschließen. Wir nennen diese Taktik **Tabuisierungstaktik**. Auch diese Taktik ist ein Manöver aus der Rubrik „Wie verhindere ich eine echte Argumentation?"

Wann wird die Tabuisierungstaktik eingesetzt?

Die Taktik wird benutzt, wenn man eine Diskussion von vornherein vermeiden will. Das kann verschiedene Gründe haben: Vielleicht will man scheinbar kostbare Zeit nicht mit unnützen Diskussionen vertrödeln, oder man möchte einfach seine Position durchsetzen. Die Tabuisierungstaktik ist eine autoritäre Taktik. Sie kann besonders wirkungsvoll von Personen verwendet werden, die eine entsprechende Machtposition einnehmen.

Wie kann man sich gegen die Tabuisierungstaktik wehren?

Eine Reaktion auf eine solche Taktik erfordert natürlich viel Fingerspitzengefühl, weil Sie davon ausgehen können, daß der Gesprächspartner aus nicht genannten, eigennützigen Motiven zu dieser Taktik greift. Wenn sich dieser dann auch noch in einer entsprechenden Machtposition befindet, könnten Sie, wenn Sie gegen die Taktik vorgehen wollen, möglicherweise riskieren, daß diese Macht gegen Sie eingesetzt wird. Wenn Sie dennoch eine bereits ausgeschlossene Behauptung vertreten möchten, sollten Sie das sehr gut begründen können, zum Beispiel, indem Sie auf die positiven Effekte Ihrer Meinung aufmerksam machen. In den folgenden beiden Beispielen versuchen Georg und Hanna jeweils auf eine Tabuisierungstaktik zu reagieren:

■ ***Beispiel***

Eine Besprechung bei Beta-Royal, bei der es um die Planung der nächsten Verkaufsfördermaßnahmen geht.

Rüdiger: *„Die Verkaufszahlen, die hier auf dem Tisch liegen, können nicht bezweifelt werden. Lassen Sie uns also diskutieren, welche Konsequenzen wir aus diesen Daten ziehen wollen."*

Georg: *„Die Zahlen scheinen in der Tat sehr einleuchtend zu sein. Ich habe jedoch einen Fehler in unserer Methode entdeckt, der möglicherweise unser ganzes Datenmaterial umstürzt. Kann ich Ihnen das vorstellen?"* ■

Rüdiger klammert zunächst einen bestimmten Punkt (die Gültigkeit des Zahlenmaterials) aus der Diskussion aus. Georg greift aber exakt diesen Sachverhalt auf. Der entscheidende Aspekt seines Vorgehens: Er gibt eine Begründung dafür, warum das vorgelegte Datenmaterial diskutiert werden sollte.

■ ***Beispiel***

Die Geschäftsleitung der RBZ GmbH bespricht, wie man auf die jüngste Preissenkung durch die Konkurrenz antworten sollte.

Maya: *„Wir brauchen gar nicht zu diskutieren, ob wir der Preissenkung unserer Mitbewerber folgen sollen oder nicht. Da müssen wir mitmachen. Es bleibt uns nichts anderes übrig.“*

Hanna: *„Ich sehe da eine Möglichkeit, wie wir die für uns negative Preissenkung nicht mitzumachen bräuchten und doch konkurrenzfähig bleiben.“* ■

Durch Mayas Äußerung wird der mögliche Standpunkt, das Preisniveau beizubehalten, als nicht diskussionswürdig ausgeschlossen. Die Argumentierenden nehmen sich dadurch die Option, neue Alternativen zu überlegen und vor allem auch für diese Alternativen gute Gründe zu finden. Hanna reagiert jedoch sehr elegant und geschickt, indem sie ein positives Angebot macht.

5.3 Attacke!

So leicht läßt Paula sich nicht abschütteln. Als Journalistin hat sie gelernt, hartnäckig zu bleiben. Also läuft sie Müller hinterher. „Noch eine Frage, Herr Müller“, ruft sie, „nur noch eine Frage.“ Schon hat Paula zu Hern Müller, der fast im Laufschritt durch das Gebäude eilt, wieder aufgeschlossen. „Was halten sie denn von Herrn Winters Aussage, daß eine Steuerreform längst überfällig ist?“ Müller wendet sich zu Paula, bleibt aber keineswegs stehen: „Ich glaube Herrn Winters Äußerungen zur Steuerreform können getrost ignoriert werden. Wir alle wissen ja, daß er sich wegen Steuerbetrugs verantworten mußte …“ Mit diesen Worten verschwindet Müller im Aufzug.

In der Antwort auf Paulas Frage begründet Müller die Konklusion, daß Herrn Winters Äußerungen zur Steuerreform ignoriert werden können mit der Prämisse, daß Herr Winter sich wegen Steuerbetrugs verantworten mußte. Diese Argumentation ist sehr scharf. Genau deswegen können wir sie auch kritisieren. Was immer man über Herrn Winters Steuerehrlichkeit und Integrität sagen kann, es folgt daraus nicht, daß seine Aussagen zur Steuerreform wertlos sind. Aus dem Charakter einer Person kann man nicht schließen, daß ihre Meinungen inkorrekt sind. Das Argument ist also ziemlich schwach und kann daher auch bezweifelt werden.

Das Argument, das Müller benutzt, trägt den Namen **Argument gegen die Person**. Argumente gegen die Person sind eine besonders beliebte Variante, um einem Gesprächspartner das Recht abzusprechen, eine bestimmte Behauptung aufzustellen oder eine bestimmte Position zu vertreten. In einem Argument gegen die Person wird der Argumentierende kritisiert und nicht der Standpunkt, den er vertritt.

Wann werden Argumente gegen die Person eingesetzt?

Man benutzt diese Argumentform, um den Argumentierenden in seiner Position zu schwächen. Argumente gegen die Person sind oft eine wirkungsvolle Waffe. In den meisten Fällen handelt es sich dabei um bloße Taktiken, die dazu dienen, den Gesprächspartner aus dem Rennen zu werfen. Das Argument gegen die Person kann aber sehr wirkungsvoll eingesetzt werden, gerade wenn man es vor einer unbeteiligten dritten Partei, also einem Publikum, äußert. Es kann zu einer eindeutigen Sympathieverteilung führen, und für den Dialogpartner wird es möglicherweise schwer, sich aus der argumentativen Schlinge, die sich um seinen Hals legt, zu befreien.

Argumente gegen die Person sind jedoch nicht immer fehlerhaft. Es gibt legitime Fälle, in denen Argumente gegen die Person angewendet werden können. Dann handelt es sich bei ihnen um LowPower-Argumente. Wir behandeln dieses Argumentationsmuster jedoch unter der Rubrik NoPower-Argumente, weil es in den meisten Fällen ein bloßes Manöver darstellt. Es gibt drei wichtige Arten von Argumenten gegen die Person: der direkte Angriff auf die Person, der indirekte Angriff und der Angriff auf die Unparteilichkeit.

Der direkte Angriff

Bei einem direkten Angriff auf die Person werden ihr Charakter, ihre Vertrauenswürdigkeit oder ihre Motive in Frage gestellt: Unsere kleine Geschichte mit Paula ist ein Beispiel für einen solchen direkten Angriff. Direkte Angriffe gegen die Person gehören zu einer ziemlich üblen Kategorie der Kommunikation. Es wird versucht, den Gesprächspartner als ernstzunehmenden Diskussionspartner zu diskreditieren.

Natürlich können auch in einer Argumentationssituation die Integrität einer Person und ihr Verhalten Gegenstand der Diskussion sein. Man braucht nur an politische Debatten zu denken. Im allgemeinen ist es uns wichtig, daß wir unseren Politikern als politische Repräsentanten vertrauen können. Wir erwarten von ihnen, daß sie ehrlich und nicht korrupt sind. Charakterliche Eigenschaften spielen hier also eine wichtige Rolle. In politischen Debatten können daher Argumente gegen die Person eine wichtige Funktion haben. (Eine extreme Rolle spielen sie zum Beispiel im US-Wahlkampf).

Der Charakter einer Person kann für ein Argument relevant sein. Wann aber ist das der Fall? Es hängt davon ab, ob Aspekte des Charakters für den Diskussionsgegenstand von Bedeutung sind. Ist jemand als Justizminister geeignet, wenn er schon mehrere Meineide geschworen hat? Selbst wenn er sich nun eines Besseren besinnt, kann seine Glaubwürdigkeit von Anfang an erschüttert sein. Vertrauen wir einer Zeugenaussage, die von einem notorischen Lügner stammt? Im Gerichtssaal können Argumente gegen die Person ausschlaggebend sein. Sollte jemand für einen hochrangigen Posten ausgewählt werden, der schon öfter einen Mangel an Urteilskraft gezeigt hat oder der nur sehr langsam Entscheidungen trifft? Was muß eine Führungskraft auszeichnen, was kann sie disqualifizieren? Ob Charakterfragen relevant sind, hängt also vom Diskussionsgegenstand ab.

Wie kann man sich gegen unfaire, direkte Angriffe zur Wehr setzen? Das kommt stark auf die Kommunikationssituation an, in der Sie sich befinden. Stellen wir uns vor, es handelt sich im Grunde um einen sachlichen Dialog. Dann sollten Sie versuchen, so schnell wie möglich auf die sachliche Ebene zurückzukehren. Eine Möglichkeit ist, daß Sie den Kritikpunkt als irrelevant für die Diskussion markieren. So geht David im nächsten Beispiel vor:

■ *Beispiel*

Auf einem Workshop der Leitungskräfte von Omnitech macht David den Vorschlag, zwei Abteilungen zusammenzulegen, um so die Arbeit besser zu organisieren und stärker auf den Kunden auszurichten. Günter, ein Kollege, greift ihn an:

Günter: *„Das ist doch Blödsinn, was Sie hier erzählen. Ausgerechnet Sie schlagen hier so schlaue Dinge vor. Dabei haben Sie mit Ihrer eigenen Firma Pleite gemacht."*

David: *„Ich glaube, der Punkt, den Sie hier ansprechen, hat nichts mit der Sache zu tun, die wir verhandeln. Uns geht es um die Frage, wie wir effektiver werden können und nicht darum, wie ich mein Unternehmen geführt habe. Welche stichhaltigen Einwände haben Sie denn?"*

■

David versucht also, die Diskussion sofort wieder auf die sachliche Ebene zu bringen, indem er klarmacht, was der eigentliche Diskussionsgegenstand ist. Eine andere Möglichkeit für David wäre es gewesen, mit einer geschickten Frage zu reagieren, zum Beispiel mit folgender: „Wie bringt uns Ihr Beitrag zu meiner Vergangenheit bei der inhaltlichen Lösung unserer Frage weiter?"

Wenn Publikum anwesend ist, kann es manchmal wichtig sein, den Ball in der gleichen harten Weise zurückzuspielen, wie er gekommen ist. Eine oft benutzte Form ist ein Du-Auch-Argument. Wie das genau funktioniert, werden Sie weiter unten erfahren.

Der indirekte Angriff

Neben einem direkten Angriff auf die Person gibt es auch den **indirekten Angriff auf die Person**. Diese Variante wird häufiger benutzt als der direkte Angriff, da sie den Anschein von Objektivität wahrt und nicht so leicht als Beleidigung aufgefaßt werden kann. Beim indirekten Argument gegen die Person wird ein Widerspruch aufgezeigt zwischen dem Argument oder der Position einer Person und ihren Lebensumständen, Verhaltensweisen oder früheren Äußerungen. Indirekte Argumente gegen die Person können – gerade weil sie einen Schuß Sachlichkeit enthalten – sehr wirkungsvoll sein. Wir wollen Ihnen zuerst drei Beispiele für indirekte Angriffe geben:

Beispiel

Ministerpräsident eines Landes: *„Der Bund ist nicht in der Lage, die Finanzkrise in den Griff zu bekommen und ordentlich zu sparen."*

Abgeordneter: *„Bevor Sie den Bund kritisieren, sollten Sie in Ihrem eigenen Land die Situation in den Griff bekommen."*

Beispiel

Ein Vertreter der Regierung Malaysias: *„Auf der einen Seite kämpft der Westen für Menschenrechte und versucht den asiatischen Staaten ein westliches Modell überzustülpen, auf der anderen Seite verhält sich der Westen aber widersprüchlich. Er kritisiert Burma und umhätschelt Israel, er ist nicht in der Lage die dramatische Situation in Bosnien vernünftig in den Griff zu bekommen.*

Der Westen wirft uns vor, nicht schnell genug demokratische Systeme zu entwickeln. In den meisten Ländern des Westens hat dieser Prozeß jedoch etliche Jahrzehnte gedauert."

Beispiel

Vater: *„Die Wissenschaft hat gezeigt, daß zwischen Rauchen und Lungenkrebs ein enger Zusammenhang besteht. Das Rauchen ist auch noch für andere Krankheiten verantwortlich. Rauchen ist einfach ungesund. Du solltest daher nicht rauchen."*

Sohn: *„Aber du rauchst ja selbst. So viel zu deinem Argument gegen das Rauchen."*

In allen diesen Beispielen wird versucht, auf einen Widerspruch in der Position des Gegenübers aufmerksam zu machen. Der Ministerpräsident wird beschuldigt, die Probleme im eigenen Land nicht im Griff zu haben. Dem Westen wird vorgeworfen, die eigenen Standards nicht aufrechterhalten zu können. Der Sohn weist den Vater darauf hin, daß durch sein Handeln seine eigene Position in Frage gestellt wird. In allen diesen Fällen wird die Gültigkeit einer Behauptung dadurch in Zweifel gezogen, daß man auf einen Widerspruch aufmerksam macht.

Sehen wir uns das Argument des Vaters gegen das Rauchen einmal genauer an. Es ist für sich betrachtet sehr vernünftig. Der Vater könnte gute Gründe dafür haben, daß das Rauchen ungesund ist und Lungenkrebs verursacht. Unter der Annahme, daß wahrscheinlich auch der Sohn den Wunsch hat, gesund zu sein, stellt die Konklusion, daß der Sohn nicht rauchen sollte, eine gut begründete Meinung dar. Der Sohn wiederum hat in seinem Argument keinen Grund angeführt, der dieses Argument des Vaters erschüttern könnte. Seine Zurückweisung des Arguments erscheint somit voreilig. Auf der anderen Seite scheint die Antwort des Sohns auch etwas für sich zu haben. Denn der Vater raucht und gibt dies zu. Bedeutet das nicht, daß es widersprüchlich ist, wenn der Vater auf der einen Seite das Rauchen verurteilt, auf der anderen Seite aber selbst raucht? Stellt dieser persönliche, praktische Widerspruch nicht eine vernünftige Basis dar, um zumindest die Position des Vaters in Zweifel zu ziehen? Es sieht also so aus, als ob sowohl die Position des Sohnes als auch die des Vaters kritisierbar wäre. Was sollen wir daraus schließen?

Zuerst müssen wir darauf hinweisen, daß eine bestimmte Verwirrung darüber besteht, was genau die Konklusion des Arguments ist. Nimmt man die Behauptung „Rauchen ist ungesund“ als Konklusion, dann sieht das Argument des Vaters sehr vernünftig aus. Der Sohn greift in seiner Argumentation nicht dieses **unpersönliche** Argument an. Insofern ist seine Antwort ein Fehlschuß. Wenn man das Argument jedoch in einer persönlichen Weise versteht, so daß die Aussage „Ich unterstütze das Nichtrauchen“ die Konklusion darstellt, dann wird das Argument kritisierbar. Absolut betrachtet, ist das Argument des Vaters also vernünftig. Relativ zur Position des Argumentierenden betrachtet, verliert das Argument jedoch an Überzeugungskraft. Ein indirekter Angriff auf die Person kann also ein brauchbares LowPower-Argument sein.

Die Frage ist: Sprechen Handlungen so laut wie Wörter? Wenn ja, dann spricht einiges für die Antwort des Sohnes. Was der Vater sagt, wird durch seine eigenen Handlungen widerlegt. Man muß jedoch zugeben, daß es manchmal die Möglichkeit gibt, offensichtliche Widersprüche zu entschuldigen oder zu rechtfertigen. Es ist aber bestimmt nicht unvernünftig zu verlangen, daß der Vater eine Rechtfertigung oder eine Erklärung für seine widersprüchliche Position abgibt. Auf der anderen Seite: Das Argument des Vaters – von einem unpersönlichen Standpunkt aus betrachtet – ist völlig in Ordnung. Der Sohn ist daher nur bedingt berechtigt, das Kind gewissermaßen mit dem Bade auszuschütten.

Der Grundirrtum bei einem indirekten Angriff auf die Person ist die Verwechslung zweier Interpretationen der Konklusion. Die Konklusion kann in einem absoluten Sinn interpretiert werden, oder sie kann in einem relativen Sinn interpretiert werden. Bei der absoluten Interpretation kann das Argument stark sein, bei der anderen schwach und anfällig für Kritik. Eine Form des Fehlschlusses des indirekten Arguments gegen die Person besteht darin, daß diese zwei Interpretationsmöglichkeiten nicht auseinandergehalten werden. Diese Interpretationsmöglichkeiten müssen jedoch sorgfältig voneinander getrennt werden. Die Unterscheidung zeigt auch, daß wir ein Argument nicht nur in einem unpersönlichen Sinn betrachten, sondern immer zugleich auch die Person mit einbeziehen, die das Argument vertritt.

Wenn Sie auf einen Widerspruch in der Position des Gesprächspartners hinweisen können, dann ist das ein Argument, das nicht unterschätzt werden sollte. Das indirekte Argument gegen die Person greift die Glaubwürdigkeit einer Person an. Ist die Glaubwürdigkeit dahin, geht natürlich auch Vertrauen verloren. Wenn Vertrauen verloren gegangen ist, werden Argumente keine Überzeugungskraft mehr besitzen. Die unpersönliche Form des Arguments, die vernünftig sein kann, wird dann nicht mehr beachtet. Oft decken indirekte Argumente gegen die Person jedoch keine echten Widersprüche auf, sondern nur fadenscheinige. Das zeigt folgender Fall:

■ ***Beispiel***

Ein Jäger wird der Barbarei beschuldigt, weil er unschuldige Tiere nur zum Zeitvertreib töte. Die Replik des Jägers darauf: *„Warum essen Sie harmlose Tiere? Das ist doch das gleiche.“* ■

Ist ein Publikum anwesend, kann so mancher denken: „Stimmt, was der Jäger da sagt.“ Der Jäger wirft seinem Diskussionspartner vor, sich in einen Widerspruch zu verwickeln. Diese Replik des Jägers aber ist eine reine Taktik und ein NoPower-Argument. Der Jäger liefert kein Argument für die unpersönliche These, daß die Jagd zum Zeitvertreib als allgemeine Praxis akzeptabel ist. Statt dessen greift er die Position des Kritikers an. Aber ist die Kritik, die er vorbringt, legitim? Weist er tatsächlich einen Widerspruch in der Position des Kritikers nach? Dazu müssen wir uns die einzelnen Aussagen ansehen. Der Kritiker beschuldigt den Jäger, Tiere nur zum Zeitvertreib zu töten. Welche Verhaltensweise klagt nun der Jäger an? Er attackiert die allgemeine Praxis, Fleisch zu essen. Aber zwischen der Gewohnheit Fleisch zu essen und der Zurückweisung der Jagd zum bloßem Zeitvertreib besteht sicherlich kein logischer Widerspruch. Daher zielt die Replik des Jägers auch völlig daneben und sticht nicht. Es besteht nur ein oberflächlicher, aber kein tatsächlicher Widerspruch in der Position des Kritikers. Der Jäger begeht mit seiner Kritik also einen Irrtum.

Wie kann man sich als Angegriffener in so einem Fall wehren? Das beste ist, wenn Sie klarmachen, daß vom Gesprächspartner zwei verschiedene Dinge miteinander verwechselt werden. Es ist eine Sache, Fleisch zu essen und eine andere Sache, Tiere zum Zeitvertreib zu töten. Machen Sie also klar, daß von unterschiedlichen Dingen die Rede ist und kein Widerspruch besteht.

Natürlich könnte man erwidern, daß doch ein Zusammenhang besteht zwischen dem Verzehr von Fleisch und der Praxis des Jagens. Der Kritiker ißt Fleisch, und er gibt dies auch zu. Worauf legt ihn dieses Zugeständnis fest? Bestimmt nicht darauf, daß es in Ordnung ist, Tiere aus Vergnügen zu töten. Aber seine Gewohnheit beinhaltet eine indirekte Verbindung zum Töten von Tieren. Das würde heißen, daß der Kritiker diese Praxis akzeptiert. Um das jedoch herauszufinden, müßte man weitere Fragen stellen. So könnte der Jäger tatsächlich noch ein sehr schwaches Argument gegen den Kritiker konstruieren.

Unser Jagd-Beispiel enthält noch einen weiteren interessanten Aspekt, den wir an dieser Stelle erwähnen müssen. Die Antwort des Jägers ist nämlich ein spezieller Fall eines Arguments gegen die Person. Es ist ein Beispiel für ein Du-Auch-Argument. Bei einem Du-Auch-Argument wird ein Angriff auf die eigene Person durch einen Gegenangriff gekontert, nach dem Motto: „Du bist auch kein Unschuldslamm.“ Implizit wird durch diese Taktik unterstellt, daß man sich durch seine Kritik in einen Widerspruch verwickelt. Folgender Fall ist ein Beispiel für diese Methode:

Beispiel

Ein Priester klagt einen Geschäftsmann an, Waffen zu verkaufen. Der Geschäftsmann erwidert, daß auch der Vatikan bekanntlich in dubiose Geschäfte verwickelt sei.

Auf die Kritik durch den Priester reagiert der Geschäftsmann seinerseits mit einem Angriff auf die Person. Ein Du-Auch-Argument ist manchmal eine sehr wirkungsvolle Waffe, um die Beweislast zu verschieben.

Die Hauptgefahr bei Du-Auch-Argumenten und indirekten Angriffen auf die Person besteht darin, daß sie tatsächlich sehr oft als vernünftige Argumente betrachtet werden, auch wenn dies nicht gerechtfertigt ist. Indirekte Angriffe sind so effektiv, daß selbst der Anschein eines Widerspruchs die eigene Position schwächen kann.

Der erste und wichtigste Schritt bei der Bewertung eines indirekten Arguments gegen die Person: Identifizieren Sie das Paar von Behauptungen, das den angeblichen Widerspruch erzeugt. Fragen Sie dann, ob wirklich ein Widerspruch vorliegt. Wenn nicht, dann machen Sie klar, daß hier verschiedene Dinge ungerechtfertigt vermengt werden.

Angriff auf die Unparteilichkeit

Die letzte Variante eines Angriffs gegen die Person ist der Angriff auf die Unparteilichkeit. Dies geschieht dadurch, daß man einer Person Voreingenommenheit unterstellt. Die Kritik läuft darauf hinaus, daß man nicht darauf vertrauen kann, daß die betreffende Person in einem fairen Dialog und Argumentationsprozeß engagiert ist, da sie versteckten Motiven und heimlichen Interessen folgt, die sie von vornherein auf eine bestimmte Position festlegen. Die Person kann gar nicht richtig objektiv sein. Folgendes Beispiel illustriert dies:

Beispiel

Max: *„Das Waldsterben wird etwas überdramatisiert. Neueste Zahlen belegen, daß es bei weitem nicht so schlimm aussieht, wie immer behauptet."*

Maria: *„Kein Wunder, daß du das sagst. Immerhin sitzt du ja im Vorstand eines großen Automobilkonzerns."*

Maria kritisiert, daß Max versteckte Motive dafür hat, für eine bestimmt Seite zu argumentieren. Sie stellt seine Fairness und Objektivität in Frage. Doch auch dies ist in vielen Fällen ein NoPower-Argument. Max kann sehr wohl gute Argumente besitzen. Tatsächlich nimmt er in seiner Äußerung ja sogar Bezug auf existierende Zahlen, obwohl er nicht angibt, welches die Quelle ist. Auch wenn Max im Vorstand einer Autofirma sitzt und er natürlich gewisse Interessen verfolgt, folgt aus diesem Umstand nicht zwangsläufig, daß sein Argument inkorrekt ist und er somit von der Diskussion ausgeschlossen werden sollte. Vielleicht wollte Maria andererseits auch gar nicht erklären, daß das Argument von Max wertlos ist, sondern nur, daß man im Auge behalten sollte, daß er möglicherweise in einen Interessenkonflikt gerät.

Wie hätte Max auf Maria reagieren können? Ein Möglichkeit wäre folgende Äußerung: „Natürlich bin ich im Vorstand eines Autokonzerns, und natürlich verfolgt unser Konzern wirtschaftliche Interessen. Das heißt aber nicht, daß mein Argument wertlos ist. Im Gegenteil, ich kann meinen Standpunkt sehr gut begründen."

Max versucht, wieder eine sachliche Atmosphäre zu schaffen, indem er sofort zugibt, was nicht zu leugnen ist. Sein Trumpf ist hier Ehrlichkeit. Natürlich könnte er den Ball auch mit gleicher Stärke zurückspielen, indem er seine Gesprächspartnerin seinerseits der Voreingenommenheit bezichtigt. Dann hätte er vielleicht Folgendes geäußert: „Klar, daß du solche Zahlen als Vertreterin der Umweltschützer nicht gern akzeptierst. Immerhin verschwindet ja dadurch das Horrorszenario, das ihr in der Bevölkerung schürt."

Eine rationale Diskussion wird nach dieser Äußerung kaum mehr stattfinden. Denn das Ganze wird vermutlich in ein Streitgespräch ausarten. Obwohl es manchmal vernünftig ist, die Objektivität von Personen in Frage zu stellen, ist es gefährlich, wenn man dem Dialogpartner unterstellt, seine Argumente und Überzeugungen seien hoffnungslos dogmatisch und voreingenommen. Auf diese Weise wird jeder Dialog beendet. Die Folge sind Emotionalisierung, Frustration und der Wunsch, es dem Gegner heimzuzahlen.

Wir haben Ihnen in diesem Abschnitt drei Varianten von Argumenten gegen die Person vorgestellt: der direkte Angriff auf die Person, der indirekte Angriff auf die Person mit dem Spezialfall der Du-Auch-Argumente, der Angriff auf die Unparteilichkeit. Zum Schluß präsentieren wir Ihnen einen kurzen Dialog, in dem ein sehr vernünftiger indirekter Angriff auf die Person vorkommt, weil nämlich ein logischer Widerspruch nachgewiesen werden kann:

■ ***Beispiel***

Oliver: *„Im Grunde ist alles logische Argumentieren sinnlos. Denn es gibt kein Argument, das je stichhaltig wäre. Du bräuchtest also dieses Buch zum Argumentieren überhaupt nicht mehr weiterlesen."*

Markus: *„Warum? Ich verstehe ehrlich gesagt nicht, wie du das meinst."*

Oliver: *„Überleg doch. Alle Argumente sind doch immer nur stichhaltig relativ zu den Prämissen, die in ihnen vorkommen. Sind die Prämissen nicht stichhaltig, dann ist es auch das Argument nicht. Jede Prämisse kann jederzeit in Frage gestellt werden. Daher gibt es auch kein Argument, das je stichhaltig ist."*

Markus: *„Gut. Aber wenn stimmt was du sagst, daß es kein gültiges Argument geben kann: Wie steht es dann um das Argument, das du gerade vorgebracht hast – warum sollte ich es als stichhaltig akzeptieren?"* ■

Markus' letzte Frage deutet an, daß Oliver sich in einen logischen Widerspruch verwickelt. Um Markus zu überzeugen, benutzt er ein Argument. Durch dieses Argument soll aber gezeigt werden, daß kein Argument stichhaltig ist. Das trifft auch auf sein eigenes zu. Also: Lesen Sie das Buch ruhig weiter!

5.4 Alles klar, oder?

Bei der Pressekonferenz wird der Geschäftsführer der Flughafengesellschaft gefragt, ob die Einwände der Bürgerinitiative gegen die neue Landebahn genügend berücksichtigt worden seien. Der Geschäftsführer antwortet darauf: „Es ist völlig klar, daß die Notwendigkeit der neuen Landebahn nicht zur Debatte steht."

In der Antwort auf die Frage, benutzt der Geschäftsführer eine Taktik, die man Evidenztaktik nennt. Sie funktioniert nach folgendem Schema:

Es ist evident (völlig klar), daß A.

Daher: A.

Wann wird die Evidenztaktik benutzt?

Diese Taktik wird angewendet, wenn man sich seiner Beweislast entledigen möchte. Wenn Sie nämlich etwas als völlig klar und evident hinstellen, erübrigt sich jede weitere Diskussion und Argumentation. Die Wirkung der Evidenztaktik besteht darin, den anderen in seinem Sachverstand herabzusetzen, wenn er etwas bezweifelt und bestreiten sollte, was angeblich offenkundig ist. Beliebte Formulierungen sind:

Es ist vollkommen klar, daß…
Jeder weiß doch, daß…
Es kann nicht geleugnet werden…
Da sind wir uns doch einig, daß…
Es bedarf kaum einer Erwähnung,…

Wie wehrt man sich gegen die Evidenztaktik?

Lassen Sie sich von den genannten Redewendungen nicht beeindrucken. Behalten Sie Ihre kritischen Zweifel, falls Sie welche haben, und äußern Sie vorsichtig, aber bestimmt Ihre Bedenken und Fragen. Betrachten Sie dazu folgendes Beispiel:

Beispiel

Karin: „*Eins steht doch fest: Wir brauchen eine neue Begabtenförderung.*“
Rita: „*Du sagst das so überzeugt, Karin. Was sind denn die wichtigsten Gründe für dich?*“

Rita stellt eine Begründungsfrage, um Karin auf elegante Weise wieder die Beweislast zuzuschieben, der sie sich zuvor durch die Evidenztaktik entzogen hatte.

Manchmal startet der Argumentierende ein der Evidenztaktik ähnliches Manöver, indem er sich persönlich in die Bresche wirft und Ausdrücke benutzt wie:

Ich kann Ihnen versichern, daß...
Sie können mir glauben, daß...
Ich bin absolut überzeugt, daß...
Für mich gibt es nicht den geringsten Zweifel, daß...

Wir können diese Taktik die **Garantietaktik** nennen. Der Argumentierende garantiert die Richtigkeit seiner Behauptung. Er gibt eine Art Ehrenwort.

Wann wird die Garantietaktik eingesetzt?

Auch die Garantietaktik wird benutzt, um die Beweislast zu vermeiden. In diesem Fall gibt der Argumentierende seine persönliche Garantie für die Richtigkeit eines bestimmten Standpunkts. Wer jetzt noch Zweifel anmeldet, der könnte den Eindruck erwecken, er wolle die Glaubwürdigkeit des Sprechers in Zweifel ziehen. Besonders wenn eine dritte Partei anwesend ist, könnte dies zu einer beschämenden oder peinlichen Situation führen.

Wie geht man gegen die Garantietaktik vor?

Am besten überlegen Sie sich eine geschickte Frage, durch die Sie dem Gesprächspartner wieder die Beweislast zuteilen. Walter versucht dies im nächsten Beispiel:

■ ***Beispiel***

Johann: *„Sie können mir glauben, daß durch ein effektives Beschwerdemanagement Ihre Kunden noch stärker an Ihr Unternehmen gebunden werden können."*

Walter: *„Wie kann ich mir denn das genau vorstellen?"* ■

Walter stellt eine Art Präzisierungsfrage, durch die er seinen Gesprächspartner dazu bringen möchte, den Zusammenhang zwischen Beschwerdemanagement und Kundenbindung zu erläutern. Durch seine Frage stellt er die Glaubwürdigkeit von Johann nicht in Frage; vielmehr gibt er ihm das Signal „Erzähl mir mehr".

5.5 Wirklich absurd

Helga und ihre Freundin Cornelia diskutieren darüber, ob man seine Schulden immer begleichen und alles zurückgeben sollte, was man sich ausgeliehen hat. Helga entwickelt dabei einen wirklich außergewöhnlichen Standpunkt: „Ich finde es nicht richtig, daß immer alles zurückgegeben werden sollte, was man einem Menschen schuldet. Stell dir vor, jemand hat dir eine Waffe geliehen. Und du solltest sie ihm nun wiedergeben. In der Zwischenzeit ist er aber wahnsinning geworden. Du gibst einem Verrückten dann Waffen in die Hand, was unverantwortlich ist."

Helga konstruiert in ihrer Argumentation einen außerordentlichen Umstand, durch den ein allgemeines Prinzip (nämlich seine Schulden zurückzuzahlen) ausgehebelt werden soll. Diese Taktik beziehungsweise dieser Fehlschluß wird **Taktik des abstrusen Gegenbeispiels** genannt.

Wenn wir Verallgemeinerungen oder allgemeine Prinzipien aufstellen, so sind diese Verallgemeinerungen meistens nicht als strikte Verallgemeinerungen gedacht, die immer und in jedem Fall gelten. Vielmehr werden wir oft vernünftige Ausnahmen zu den Prinzipien und Verallgemeinerungen zulassen, das aber nicht besonders betonen oder herausstreichen. Und zwar deshalb nicht, weil wir davon ausgehen, daß auch unsere Gesprächspartner mit gesundem Menschenverstand ausgestattet sind und verstehen werden, wie unsere Prinzipien oder Verallgemeinerungen gemeint sind. Bei der Taktik des abstrusen Gegenbeispiels wird nun eine aufgestellte Verallgemeinerung so stark interpretiert, daß sie durch ein verrücktes Beispiel aus den Angeln gehoben werden kann.

Wann begegnet uns die Taktik des abstrusen Gegenbeispiels?

Auf diese Taktik stoßen wir besonders dann, wenn der Gesprächspartner ganz stark auf einen bestimmten Fall fixiert ist, den er möglicherweise selbst erlebt hat und von dem er sich nicht lösen kann. Er sieht nur diesen bestimmten Fall, und es gelingt ihm nicht, davon zu abstrahieren. Abstruse Gegenbeispiele sind selten absichtliche Taktik. Das sieht man auch in folgendem Fall:

Beispiel

Jan: *„Es ist vernünftig, bei einem Konflikt mit einem Mitarbeiter zuerst das Gespräch mit dem Mitarbeiter zu suchen."*

Klaus: *„Der sagt aber vielleicht, daß er keine Zeit hat."*

Klaus denkt an ein sehr konkretes Beispiel, das es aus seiner Sicht unmöglich macht, der von Jan aufgestellten Empfehlung zu folgen. Möglicherweise hat Klaus auch recht: Vielleicht sagt der eine oder andere Mitarbeiter wirklich, daß er keine Zeit habe. Aber dieser Fall setzt das Prinzip nicht außer Kraft, daß es sinnvoll ist, im Konfliktfall ein Gespräch zu führen.

Wie sollte man auf diesen Fehlschluß reagieren?

Wenn Ihr Gesprächspartner ein abstruses Gegenbeispiel äußert, bleiben Sie ruhig. Kanzeln Sie das Beispiel nicht als Unsinn ab, sondern machen Sie vielmehr klar, daß es natürlich zu einem Prinzip vernünftige Ausnahmen geben kann.

Agnes' Argument im folgenden Beispiel ist so absurd, daß diese Empfehlung allerdings nicht so leicht zu beherzigen ist:

■ ***Beispiel***

Claudia: *„Es ist wichtig, sich nach jedem Gespräch Notizen zu machen, um die wichtigsten Punkte nicht zu vergessen."*

Agnes: *„Und wenn jetzt aber der Bleistift abbricht?"*

Claudia: *„Das kann natürlich passieren, ändert jedoch nichts daran, daß man die wichtigsten Punkte des Gesprächs notieren sollte. Für Notfälle sollten Sie vielleicht einen zweiten Bleistift dabei haben."* ■

Bewundernswert, wie ruhig Claudia auf Agnes' Frage reagiert.

5.6 Ehrwürdige Traditionen

Bei der Dynco GmbH stehen Veränderungen an. Reiner, ein langjähriger Mitarbeiter wehrt sich vehement dagegen: „Ich verstehe nicht: Warum sollen wir denn das Ganze mitmachen. Wir haben unsere Produktion doch schon immer so durchgeführt und sind doch auch sehr gut damit gefahren. Wir sollten einfach so weitermachen wie bisher."

Reiner befürwortet, daß die Produktion nach demselben Schema ablaufen sollte wie bisher. Warum? Weil es schon immer so gemacht wurde, weil also eine lange Tradition dahintersteckt. Tradition steht oft für Erfahrung und Qualität. Ist das auch beim logischen Argumentieren der Fall? Leider nicht. Deshalb ist Reiners Argument auch ein Fehlschluß. Er trägt den Namen **Traditionsargument**. Das Traditionsargument besagt: Etwas ist gut oder richtig, weil es schon sehr alt ist.

Wann tritt dieser Fehlschluß auf?

Das Traditionsargument wird oft benutzt, wenn es um die Aufrechterhaltung des Status quo geht. Fast nichts ist für Menschen beängstigender als Veränderung, und heutzutage, da in Unternehmen permanenter Wandel gefordert ist, sehen sich manche zwangsläufig in ein Chaos stürzen. Viele Menschen neigen in Zeiten der Unsicherheit dazu, sich an jeden Strohalm zu klammern. Obwohl gerade Veränderungen gefragt wären, haben es diejenigen, die dies deutlich erkennen, oft schwer, mit ihren Ideen durchzudringen. Der Traditionsfehlschluß wird daher sehr gern benützt, um Veränderungen abzuwehren. Das Traditionsargument ist besonders erfolgreich, wenn es in Begriffe wie „Kontinuität“ und „Vertrautheit“ verpackt ist.

Natürlich steht Tradition für Erfahrung und Erfahrung auch für Wissen. Da aber die Welt sich bisweilen ändert, können das Beharren auf Tradition und das Bewährte schnell in eine Sackgasse münden. Ergebnis: Lautes Wehklagen und der Spruch „Wenn wir das nur früher schon gewußt hätten!“

Wie begegnet man Traditionsargumenten am besten?

Am Besten reagieren Sie auf Traditionsargumente mit kritischen Fragen oder durch Fragen, die konstruktiv nach vorn gerichtet sind. Zum Beispiel: „Gut, wir haben es bisher immer auf diese eine Weise gemacht. Aber wie könnten wir es sonst noch machen?“

Im nächsten Beispiel reagiert Jürgen mit einer geschickten Frage auf Verenas Traditionsargument:

■ ***Beispiel***

Verena: *„Wir haben seit der Gründung unseres Unternehmens kein Personalentwicklungskonzept gebraucht. Und es hat auch so funktioniert, oder?“*

Jürgen: *„Welche Vorteile könnten wir denn aus einem solchen Konzept für unseren Betrieb ziehen?“* ■

Jürgen versucht durch eine Frage, die Aufmerksamkeit auf die positiven Aspekte eines Personalentwicklungskonzepts zu lenken. Auf diese

Weise erhofft er sich, Verenas starres Beharren auf der Vergangenheit zu durchbrechen.

5.7 Heilige Prinzipien

Stratos hat sich eine schwere Erkältung zugezogen. Ina hat ein Heilmittel, auf das schon ihre Mutter immer geschworen hat.

Ina: „Nimm noch einmal von dem Medikament ein, das ich dir gegeben habe. Das ist gut für dich."

Stratos: „Aber es hat bisher überhaupt noch nicht gewirkt."

Ina: „Das zeigt, daß du noch mehr davon nehmen solltest."

Manchmal gelingt es uns sehr gut, Tatsachen und Fakten zu ignorieren – so wie Ina in unserem Beispiel –, nur damit unsere heiligen Prinzipien und festen Überzeugungen nicht umgestoßen werden müssen. Aber das ist ein Denkfehler. Er hat den Namen **Fehlschluß der Faktenverneinung**. Unsere Prinzipien und Überzeugungen sollten immer an der Realität getestet werden. Wenn Tatsachen unseren allgemeinen Anschauungen widersprechen, müssen wir sie wahrscheinlich ändern. Beim Fehlschluß der Faktenverneinung wird der Fehler gemacht, Tatsachen zu ignorieren oder zu negieren, weil sie Prinzipien widersprechen, an denen man festhalten möchte.

Oft ist es vernünftig, an einem Prinzip festzuhalten, auch wenn es eine widersprechende Tatsache gibt. Allerdings muß dann nach einer Erklärung gesucht werden, warum das Faktum das Prinzip nicht wirklich widerlegt. Verkehrt wäre es jedoch, Prinzipien oder allgemeine Überzeugungen generell nicht durch die Tatsachen testen zu lassen.

Wann wird der Fehlschluß der Faktenverneinung gemacht?

Dieser Fehlschluß wird oft begangen, wenn man der Realität einfach nicht ins Auge blicken möchte. Geschickt wird er angewandt, wenn die Tatsachen nicht direkt geleugnet, sondern so uminterpretiert werden, daß „gezeigt“ werden kann, daß sie nicht das sind, was sie scheinen. Dieses Manöver versucht Hans im folgenden Fall anzuwenden:

■ ***Beispiel***

Hans ist der Meinung, daß es im Abteilungsteam einen tieferliegenden Konflikt geben muß. Peter, sein Kollege, erklärt: *„Aber alle haben geäußert, daß sie keinen solchen Konflikt sehen.“* Darauf sagt Hans: *„Gerade das zeigt doch, daß es da einen Konflikt gibt.“* ■

Von Hans werden die Tatsachen (hier: die Äußerung der Teammitglieder, daß kein Konflikt existiere) so gedeutet, daß sie zu seiner Überzeugung passen. Auf diese Weise könnte man zahlreiche Standpunkte rechtfertigen. So könnte man beispielweise für die Position argumentieren, daß Entwicklungshilfe absolut notwendig ist: „Wenn die Entwicklungshilfe positive Effekte hat, dann kann dadurch gezeigt werden, daß sie gebraucht wird. Wenn Erfolge ausbleiben, zeigt das nur, daß mehr Entwicklungshilfe erforderlich ist.“

Wie können Sie am besten auf diese Taktik reagieren?

Am besten reagieren Sie, indem Sie sie beim Namen nennen und auf diese Weise deutlich machen, was der Gesprächspartner gerade für eine Taktik eingesetzt hat – so wie Erich im folgenden Beispiel:

■ ***Beispiel***

Erich: *„Es gibt eine Reihe von Anzeichen, daß es in Asien zu Währungsturbulenzen kommen könnte.“*

Günter: *„Es ist trotzdem gut und richtig, in Asien zu investieren. Wir lassen uns nicht mürbe machen“*

Erich: *„Günter, wir sollten aufpassen, nicht den Fehlschluß der Faktenverneinung zu begehen. Du weißt selbst, wie leicht es passieren kann, an der Realität vorbei zu handeln. Laß uns die Tatsachen noch einmal prüfen.“* ■

Erich macht also darauf aufmerksam, daß man nicht den Fehlschluß der Faktenverneinung begehen sollte und schließlich lädt er Günter dazu ein, noch einmal die Daten zu überprüfen.

5.8 Die Macht der Gefühle

Gefühle spielen in unserem Leben eine wichtige Rolle. Gefühle beeinflussen uns in unseren Urteilen und Verhaltensweisen. Gefühle werden auch in Argumentationen eingesetzt. Wir sprechen dann von emotionalen Appellen. Dieser Einsatz aber ist oft illegitim. Er ist vor allem dann illegitim, wenn emotionale Appelle das einzige Mittel darstellen, um eine bestimmte Konklusion zu stützen. Der emotionale Appell soll den Gesprächspartner dazu bringen, eine bestimmte Konklusion zu akzeptieren. In solchen Fällen findet keine echte Überzeugung statt. Vielmehr wird eine mächtige Beeinflussungsstrategie gewählt, die den Gesprächspartner oder den Adressaten in eine bestimmte Richtung drängen soll. Mit anderen Worten: Er soll manipuliert werden.

Gefühle sind entscheidend dafür, daß wir überhaupt handeln. Gründe und die Vernunft aber zeigen uns die Richtung, in die unser Handeln münden soll. Gefühle sind die Motivatoren, die Vernunft hilft uns zu kalkulieren, was zu tun ist.

In der Rhetorik wird stark mit Gefühlen gearbeitet. Der Redner versucht ein persönliches Band zwischen sich und seinen Adressaten aufzubauen. Dadurch schafft er ein Vertrauensverhältnis zwischen sich und seinen Adressaten. Ein wichtiges Mittel um ein solches Band zu installieren sind Gefühle wie Mitleid, Furcht, Solidarität, Neid, Haß, Stolz, Gleichmaß usw. Wir nennen das **emotionale Appelle**.

Wann werden emotionale Appelle benutzt?

Der Redner versucht Vertrauen herzustellen, so daß der Adressat ihm glaubt, was er sagt und Loyalität entwickelt. Kritisches Fragen soll also eher außer Kraft gesetzt werden. Der Redner setzt mehr auf die Instinkte als auf die rationale Vernunft seines Publikums. Vom Standpunkt des logischen Argumentierens sind emotionale Appelle Taktiken und somit NoPower-Argumente. Sie liefern kein relevantes Material. Das soll nicht heißen, daß es nicht in Ordnung sein kann, seinen Gefühlen oder Intuitionen zu vertrauen, wenn man Entscheidungen trifft. Wenn es jedoch darum geht, für einen Standpunkt zu argumentieren, dann sind emotionale Appelle dazu gedacht – und leider auch dazu geeignet-, kritisches Denken außer Kraft zu setzen.

Wir werden uns ein paar typische Beispiele für emotionale Appelle in Argumentationssituationen anschauen – sie dürften Ihnen alle aus dem Alltag bekannt sein: populäre Gefühle, Solidaritätsgefühle, Furcht, moderate Gefühle, Appelle an das Gute im Menschen, Mitleid, die Überlegenheit der Gefühle an sich.

Populäre Gefühle

Der Appell an populäre Gefühle ist eine typische Methode der Werbebranche. Es wird dabei an Emotionen und Meinungen appelliert, die in der Bevölkerung weite Zustimmung finden. Man appelliert genau an die Gefühle, von denen man weiß, daß sie auf die Bedürfnisse der Mehrheit der Menschen antworten. Denken Sie nur an die Werbeszenen, in denen die glückliche Familie um den festlich gedeckten Sonntagstisch versammelt ist und den herrlich duftenden Kaffee genießt. Oder betrachten Sie folgendes Beispiel:

■ ***Beispiel***

Nadja: „*Wem haben wir diese Misere in unserem Land zu verdanken? Doch nur unseren Politikern!*“ ■

Wer applaudiert heutzutage nicht, wenn über Politiker geschimpft wird? Hier wird darauf spekuliert, daß viele Menschen kein Vertrauen mehr zu unseren Politikern haben. Ein ähnliche Taktik erleben wir in folgender Äußerung:

■ ***Beispiel***

Gustav ärgert sich über die Geschäftsleitung des Unternehmens, in dem er tätig ist. Er sagt zu seinem Kollegen: „*Die da oben werden sich wieder etwas ausgedacht haben, was nur zum Schaden für uns sein kann.*“ ■

Ein solcher emotionaler Appell ist für sich genommen nicht falsch. Er wird jedoch dann illegitim, wenn er als einzige Grundlage benutzt wird, um für eine Position zu argumentieren.

Solidaritätsgefühle

In engem Zusammenhang mit populären Gefühlen steht der Appell an das Solidaritätsgefühl. Dabei versucht der Sprecher Gefühle der Solidarität zu erregen. Durch die Herstellung dieses Wir-Gefühls möchte der Redner das Publikum auf seine Seite ziehen. Die folgenden beiden Beispiele sollen dies illustrieren:

■ ***Beispiel***

Ein Politiker spricht zu einer Versammlung von Beschäftigten der Stahlindustrie: *„Ich weiß, was Sie zur Zeit durchmachen. Ich war auch einmal Stahlarbeiter und kann mich sehr gut in Ihre Situation hineinversetzen.“* ■

■ ***Beispiel***

Ein Königstreuer: *„Wir Bayern sollten zusammenhalten und uns nicht gefallen lassen, was die anderen Bundesländer mit uns machen. Wir brauchen daher wieder einen König.“* ■

Furcht

Furcht ist eine wichtige Emotion. Aus Angst sind Menschen bereit, viele Dinge zu tun, zu denen sie sich vorher nicht fähig glaubten. Beim Argumentieren werden die Gefühle der Angst oft durch drastische Beispiele untermauert und auf diese Weise bewußt verstärkt. Sehen Sie sich dazu das nächste Beispiel an:

■ ***Beispiel***

Ludwig: *„Das organisierte Verbrechen in unserem Land nimmt immer mehr zu. Bald werden internationale Verbrecherorganisationen große Teile unseres Landes kontrollieren. Wir werden Zustände bekommen* *wie in Amerika. Traut sich da jemand nachts noch auf die Straße? Wir werden uns verbarrikadieren müssen. Mißtrauen wird in der gesamten Bevölkerung herrschen. Das alles sollten wir beenden. Die Polizei braucht mehr Rechte!"* ■

Abgesehen davon, daß Ludwigs Argumentation auch Elemente eines Lawinenarguments enthält, wird deutlich, wie mit den Ängsten der Menschen gespielt wird.

Furcht kann aber auch noch auf andere Weise eingesetzt werden, wenn nämlich Angst verbreitet wird in Form einer versteckten oder auch offenen Drohung, um jemand zu einer bestimmten Handlung zu bewegen.

■ ***Beispiel***

Berthold: *„Ich hoffe, Euch ist klar, daß keiner Eurer Arbeitsplätze wirklich sicher ist. Wer also die anstehenden Veränderungen nicht mitmachen will, sollte sich das gut überlegen!"* ■

In diesem Beispiel arbeitet Berthold mit einer versteckten Drohung. Der Sprecher setzt gezielt auf die Angst der Mitarbeiter, ihren Arbeitsplatz zu verlieren. Auf diese Weise wird jedes kritische Fragen unterbunden. Aber sehr wahrscheinlich erlischt auch jedes Engagement der Mitarbeiter für die anstehenden Aufgaben.

Moderate Gefühle – der Mittelweg

Eine ganz besondere Taktik ist es, wenn dafür appelliert wird, keine Extreme zu verfolgen, sondern einen ausgeglichenen Mittelweg. „Moderato" heißt das Motto. Für das Moderate ist ein Publikum besonders dann empfänglich, wenn es denkt, im Grunde sehr rational und vernünftig zu sein. Man glaubt, daß die Wahrheit in der Ruhe und im Mittelweg liegt, also in einem lauwarmen Gefühl. Dabei wird diese Taktik oft durch Wendungen begleitet wie: „Wir sollten hier ganz vernünftig vorgehen…"

■ ***Beispiel***

Ein Top-Manager wird gefragt, ob der Staat stärker in das Marktgeschehen eingreifen sollte. Er antwortet: *„Wissen Sie, das eine Extrem repräsentieren diejenigen, die eine starke Industriepolitik fordern, das andere Extreme jene, die mehr freien Wettbewerb verlangen. Wie immer liegt die Wahrheit in der Mitte. Wir müssen eine vernünftige Politik betreiben: Wir brauchen eine ausgewogene Balance zwischen einer intelligenten Industriepolitik und einem sich selbst regulierenden Markt."* ■

Die Wahrheit liegt also in der Mitte. Aber wo ist das genau?

Appell an das Gute im Menschen

Die meisten Menschen möchten fair sein und integre Ziele verfolgen. In vielen Fällen wird genau an diesen Wunsch und dieses Selbstbild appelliert.

■ ***Beispiel***

Norbert: *„Ich glaube jeder von uns hat doch im Grunde ein Interesse daran, diesen Konflikt gütlich zu regeln. Jeder von uns ist an guten Beziehungen interessiert. Niemand will doch den anderen ernsthaft über den Tisch ziehen. Wir sollten daher ein gemeinsames Projekt starten!"*
■

Hand aufs Herz, wer kann sich diesem positiven Appell wirklich entziehen?

Mitleid

Mitleid ist ein starkes Gefühl, das uns sehr oft zum Handeln bewegt. Aber beim Argumentieren kann es irreführend sein, mit Appellen an das Mitleid eine Konklusion zu begründen.

■ ***Beispiel***

Karin: *„Sehen Sie, wenn wir Herrn Peter jetzt entlassen, wird er vielleicht keinen neuen Arbeitsplatz mehr finden. Immerhin ist er schon 55*

Jahre alt. Er hat eine kranke Tochter zu Hause, und seine Frau ist vor kurzem verstorben. Obwohl er aktiv Mobbing gegen Kolleginnen betrieben hat, sollten wir ihm noch eine Chance geben.“ ■

Die Überlegenheit der Gefühle

Ein spezieller Fall eines emotionalen Appells besagt, daß wir unseren Gefühlen mehr vertrauen sollten als unserem Verstand. Diese Taktik könnte gerade dann besonders wirksam sein, wenn Sie es mit sehr intelligenten Leuten zu tun haben. Denn viele intelligente Leute haben oft Sorge, daß sie als zu kalt und zu nüchtern betrachtet werden. Sie möchten nicht, daß andere denken, sie hätten ein emotionales Defizit. Diese Taktik wendet Hans im folgenden Beispiel an:

■ ***Beispiel***

Hans spricht vor einem größeren Publikum: *„Sie sollten bei dieser Entscheidung auch Ihr Gefühl sprechen lassen. Die reine Vernunft hat uns oft genug im Stich gelassen. Vertrauen Sie Ihrer Intuition, wenn Sie jetzt überlegen, ob Sie unserer Vereinigung beitreten sollen.“* ■

Hoffentlich läßt das Publikum ihr Gefühl nicht im Stich.

Wie reagiert man am besten auf emotionale Apelle?

Wenn Sie auf emotionale Appelle stoßen, die manipulativ eingesetzt werden, dann sollten Sie durch kritisches Fragen den Gesprächspartner dazu auffordern, sachliche Gründe anzuführen. Auf den Redner Hans im letzten Beispiel könnte man so reagieren:

■ ***Beispiel***

„Hans, ich danke Ihnen für diese engagierte Rede, die mich tief bewegt hat. Eine Bitte: Könnten Sie die wichtigsten Gründe für einen Beitritt zu ihrer Vereinigung noch einmal zusammenfassen, damit wir die wesentlichen Punkte in aller Klarheit vor Augen haben?“ ■

Sie können auch die Taktik beim Namen nennen, sollten aber das angesprochene Gefühl ernstnehmen – so wie Katharina im nächsten Fall:

Beispiel

Katharina reagiert auf Karins Äußerung im vorletzten Beispiel: *„Natürlich ist Mitleid wichtig. Aber wir sollten eine Entscheidung nicht auf Mitleid gründen, sondern auf zwingende Gründe. Herr Peter war die entscheidende Person in der Mobbing-Affäre. Wir müssen unsere Mitarbeiter schützen. Daher müssen wir Herrn Peter so schnell wie möglich entlassen – auch wenn uns das nicht leichtfällt.“*

Katharina spricht den emotionalen Appell an und bringt gleichzeitig Gründe für ihre Konklusion, daß Herr Peter nicht weiter im Unternehmen beschäftigt werden sollte.

5.9 Bauen wir einen Strohmann

In einer Diskussionssendung vertritt der deutsche Wirtschaftsminister die Meinung, daß das Ladenschlußgesetz liberalisiert werden sollte. Eine Diskussionsteilnehmerin hält dagegen: „Ich glaube es bringt überhaupt nichts, wenn Geschäfte 24 Stunden geöffnet haben“. Die Teilnehmerin bringt dann Argumente, die dagegen sprechen, Geschäfte 24 Stunden geöffnet zu haben.

Dieser Standpunkt („Geschäfte sollten 24 Stunden geöffnet haben dürfen.“) wurde aber so vom Minister nicht vertreten. Die Diskussionsteilnehmerin hat ein Manöver benutzt, das man **Strohmann-Taktik** nennt. Bei der Strohmann-Taktik geschieht folgendes: Dem Gesprächspartner wird ein fiktiver Standpunkt unterstellt, oder sein Standpunkt wird verzerrt oder übertrieben. Der fiktive oder veränderte Standpunkt ist dann ein leichter Gegner, der mühelos niedergestreckt werden kann.

Vor allem in Pro-und-Contra-Diskussionen werden oft Strohmänner gebaut. Dabei entsteht diese Taktik oft nicht einmal absichtlich. In vielen Fällen kommt sie deshalb vor, weil man den Standpunkt des Gesprächspartners entweder nicht genau begriffen oder dem Gesprächspartner nicht richtig zugehört hat. Besonders erfolgreich ist dieses

Manöver dann, wenn der Gespächspartner, dem ein bestimmter Standpunkt untergeschoben wird, nicht anwesend ist.

Es gibt eine besonders raffinierte Variante, dem Gesprächspartner einen fiktiven Standpunkt zu unterstellen. Dabei trägt man eine gegenteilige Ansicht mit starker Betonung vor. Wenn ich nämlich eine Behauptung gezielt unterstreiche, so hört es sich an, als würde der Gesprächspartner das Gegenteil vertreten. Genau dieses Manöver vollzieht ein Diskussionsteilnehmer im nächsten Beispielfall:

Beispiel

Politiker A: *„Ich finde, wir brauchen mehr Mut, schwierige Fragen offen zu diskutieren."*

Politiker B: *„Meine Kollegen und ich stehen da mehr auf dem Standpunkt, daß es oberste Priorität sein muß, wieder einen klaren Konsens in unserer Gesellschaft herzustellen."*

Wenn der Gesprächspartner (Politiker A) nicht schnell genug erklärt, daß auch für ihn die Herstellung eines Konsenses oberste Priorität hat, dann kann es sein, daß man ihm stillschweigend die gegenteilige Meinung unterschiebt.

Neben der Konstruktion eines fiktiven Standpunkts sind Übertreibungen, Vereinfachungen, Verallgemeinerungen, das Weglassen von Einschränkungen und Nuancen weitere Beispiele für die Strohmann-Taktik. Eine Klage, die man in diesem Zusammenhang oft hört, ist, daß eine Äußerung aus dem Kontext gerissen wurde. Das kann selbst dann passieren, wenn jemand wörtlich zitiert wird. Die isolierte Äußerung kann Implikationen haben, die im Gesamtzusammenhang nicht aufgetreten wären. Betrachten Sie zur Illustration folgenden Fall:

Beispiel

Hubert, ein bekannter Schauspieler, wird zu dem Gerücht befragt, er und seine Filmpartnerin hätten ein Verhältnis: *„Sicher wäre die Vorstellung einer Affaire mit Nadja einfach ein Traum für viele Männer.*

Aber ich kann Ihnen versichern: es gibt keine private Beziehung zwischen mir und Nadja." Am nächsten Tag steht in der Zeitung: „Hubert: Affaire mit Nadja einfach ein Traum." ■

Eine Meinung kann man sehr leicht dadurch verallgemeinern, daß man qualifizierende Ausdrücke wie „einige" oder „ein paar" oder „manchmal" wegläßt, um so den Eindruck zu erwecken, der Standpunkt beziehe sich auf „alle" „immer". Ein Beispiel dafür liefert der nächste Fall:

■ ***Beispiel***

Klaus: *„Es kann manchmal sinnvoll sein, auch ein bißchen autoritär zu werden, gerade als Führungskraft, wenn es um wichtige Entscheidungen geht."*

Lena: *„Es gibt jetzt doch viele neue Erkenntnisse zum Thema Führungsstil. Ich verstehe nicht, wie du für einen autoritären Führungsstil eintreten kannst."* ■

Für Lena ist die verallgemeinerte These natürlich viel leichter angreifbar als die abgeschwächte These. Ebenso wie Lena neigen viele Gesprächspartner daher dazu, die Standpunkte des Gesprächspartners oberflächlich und undifferenziert darzustellen, um schließlich als Gewinner aus der Diskussion hervorzugehen.

Wie wehrt man sich gegen eine Strohmann-Taktik?

Wenn Ihnen ein fiktiver Standpunkt unterstellt wird oder Ihre Position verzerrt wird, dann sollten Sie sofort einhaken und darauf dringen, daß das nicht Ihre Meinung ist. Wenn Sie nämlich zu viel Zeit verstreichen lassen, kann es sein, daß sich niemand mehr an die ursprüngliche These erinnern kann. In der Zwischenzeit hat Ihr Diskussionspartner bereits gepunktet.

Triviale Einwände

Ein Spezialfall einer Strohmann-Taktik ist die Taktik des trivialen Einwandes. Dabei wird ein Einwand vorgebracht, der nur Randaspekte eines Themas, eines Vorschlags oder Argumentes betrifft. Schauen Sie, wie Sven das im folgenden Beispiel vorführt:

Beispiel

Sven: „*Ich bin dagegen, daß wir umziehen. Wir müßten dann ja so vielen Leuten unsere neue Adresse mitteilen!*“

Kennzeichen des trivialen Einwandes ist, daß er zwar richtig zielt, aber nicht auf den Kern der Sache, sondern nur auf einen Nebenaspekt, der in der Diskussion vernachlässigt werden kann. Triviale Einwände werden entweder aus bloßer Angst vor Veränderungen vorgebracht oder, wenn es sich um eine Taktik handelt, aus Mangel an Argumenten. Was steckt wohl bei Rosi dahinter?

Beispiel

Rosi: „*Ich finde es nicht richtig, daß unsere Abteilungen zusammengelegt werden. Da habe ich wahrscheinlich einen ganz anderen Arbeitsplatz und andere Tischnachbarn, die ich nicht so gut kenne.*“

Oft wird bei trivialen Einwänden – ähnlich wie bei der Taktik des absurden Gegenbeispiels – an völlig abstruse hypothetische Situationen gedacht.

Wie sollte man mit trivialen Einwänden umgehen?

Bügeln Sie die Einwände nicht einfach nieder: Bleiben Sie Lady oder Gentleman. Es könnte sein, daß Ihr Gesprächspartner seine Einwände tatsächlich für relevant hält. Wenn Sie gereizt reagieren, wird Ihr Gesprächspartner sich nicht ernstgenommen fühlen, und die Gefahr einer Konfrontation entsteht. Versuchen Sie den Einwand wie eine Frage zu verstehen, die Sie ruhig und sachlich beantworten. Oder machen Sie darauf aufmerksam, daß der Einwand zwar in bestimmten Situationen ein sinnvoller Aspekt sein kann, aber nicht den zentralen Punkt Ihrer Position trifft. Geschickt könnte es auch sein, den Einwand durch eine Frage zu kontern. Auf diese Weise geht Andreas im folgenden Beispiel vor:

■ ***Beispiel***

Andreas erklärt, daß es in einem Konfliktfall wichtig ist, herauszufinden, wo die Kerninteressen der beteiligten Parteien liegen.

Martha erwidert: *„Aber was ist, wenn jetzt eine Partei gar nicht zum Gesprächstermin erscheint?“*

Andreas erklärt: *„Sicher besteht die Möglichkeit, daß ein Gesprächspartner nicht auftaucht. Welchen Zusammenhang sehen Sie da zu unserem Punkt, daß für die Lösung des Konflikts die Kerninteressen herausgearbeitet werden sollten?“* ■

Durch seine Frage versucht Andreas Martha noch einmal zum Nachdenken anzuregen. Wahrscheinlich erkennt sie von allein, daß der Kern der Sache durch ihren Einwand nicht getroffen wird.

5.10 Perfektionismus

„Schatz, wie wollen wir denn dieses Jahr nach Rom fahren?“, fragt Berta, „also ich wäre ja fürs Fliegen.“ Guido, Bertas Freund, antwortet etwas zögerlich: „Wir sollten nicht mit dem Flugzeug reisen. Man weiß nicht, ob es wirklich sicher ist.“

Guido lehnt Bertas Vorschlag ab, weil es keine absolute Sicherheit beim Fliegen gibt. Aber welche Alternativen existieren? Auch Züge oder Busse können in Unfälle verwickelt werden. Guido begeht einen Fehlschluß, den **Fehlschluß der unerreichbaren Vollkommenheit**.

In vielen Situationen steht uns keine perfekte Lösung zur Verfügung. Wir müssen vielmehr aus den uns gegebenen Möglichkeiten wählen. Jede dieser Optionen kann für sich genommen mit Defiziten behaftet sein. Man begeht einen Denkfehler, wenn man eine Alternative verdammt, weil sie nicht perfekt ist, obwohl keine bessere Lösung in Sicht ist.

Wann wird der Fehlschluß der unerreichbaren Vollkommenheit benutzt?

Der Fehlschluß tritt oft auf, wenn man Vorschläge ablehnen oder Veränderungen verhindern möchte. Viele Vorschläge werden durch diesen Fehlschluß angegriffen, indem zum Beispiel geäußert wird, daß der Vorschlag im Grunde nicht weit genug geht, oder indem Veränderungen gefordert werden, die nicht erfüllbar sind und die jenseits der Kontrolle der Personen liegen, die den Vorschlag gemacht haben.

Unerreichbare Perfektion in einem Argument zu verlangen ist ein NoPower-Argument. Wer perfekte Lösungen fordert, die alle Unwägbarkeiten ausschließen, verkennt die Realität, daß wir immer nur mit begrenzten Möglichkeiten zu tun haben, die nie vollkommen sind, weil wir nicht alle Risiken ausschließen können. Könnten wir das, dann wären wir allmächtig. Tappen Sie also nicht selbst in die Falle und verlangen Sie nicht perfekte Lösungen, wo dies unrealistisch ist.

Wie kann man am besten auf diesen Fehlschluß reagieren?

Sie können den Fehlschluß wieder beim Namen nennen oder Sie stellen eine geschickte, kritische Frage.

■ ***Beispiel***

Konrad ist skeptisch gegenüber einem Qualitätssicherungssystem, das demnächst in seiner Abteilung eingeführt werden soll: *„Es ist schön und gut, ein Qualitätssicherungssystem zu haben. Aber wer garantiert uns, daß dann keine Fehler mehr auftreten? Wie gewinnen wir die Sicherheit, daß wir wirklich keine Mängel mehr produzieren? Ein Qualitätssicherungssystem nach den ISO 9000 Normen kann uns das bestimmt nicht liefern."*

Anna reagiert auf Konrads kritische Äußerungen: *„Konrad, wir sollten nicht den Fehler begehen und das geplante Qualitätssicherungssystem verdammen, weil es möglicherweise nicht absolut perfekt ist. Welche bessere Alternative sehen Sie zu dem geplanten System?"* ■

Anna lädt Konrad durch ihre Frage ein, darüber nachzudenken, welche bessere Lösung existiert. Dadurch macht Sie noch einmal klar, daß es nicht darum geht, eine absolut perfekte Lösung zu suchen, sondern die beste der möglichen Alternativen zu wählen.

5.11 Ich weiß, daß ich nichts weiß

Es gibt viele Dinge, die wir einfach nicht wissen. Wir wissen nicht, ob außerirdisches Leben existiert. Wir wissen nicht, ob unser Sozialsystem auch in Zukunft erfolgreich sein wird. Wir wissen nicht, ob wir nächsten Samstag sechs Richtige im Lotto haben werden. Wir wissen nicht, ob wir je die Armut einschränken können. In Zusammenhang mit all diesem Nicht-Wissen kann es leicht passieren, daß uns ein Fehlschluß unterläuft. Betrachten wir dazu folgendes Beispiel:

Beispiel

Markus: „Woher willst du wissen, daß es UFOs gibt?"

Julia: „Bisher wurde nie das Gegenteil bewiesen."

Diese Argumentationsform hat folgende Gestalt:

Wir wissen nicht (es wurde nie bewiesen), daß A wahr ist.

Daher: A ist falsch.

Wir wissen nicht (es wurde nie bewiesen), daß A falsch ist.

Daher: A ist wahr.

Es wurde nie bewiesen, daß es keine UFOs gibt, also muß es UFOs geben. Diese Argumente nennen wir **Argumente aus dem Nichtwissen**.

Wer so argumentiert, kann einem gehörigen Irrtum aufsitzen. Nur weil wir über eine bestimmte Sache keine Information haben, folgt daraus nicht schlüssig, daß das Gegenteil richtig sein muß. In dieser Form sind Argumente aus dem Nicht-Wissen NoPower-Argumente. Das Gleiche passiert im folgenden Beispiel:

■ ***Beispiel***

Manuela: *„Es wurde nie wirklich bewiesen, daß die Astrologie falsch ist. Sie muß daher richtig sein."* ■

Daß es uns bisher noch nicht gelungen ist, nachzuweisen, daß Sterndeutung keine brauchbaren Ergebnisse liefern kann, legitimiert keinesfalls die Astrologie. In dieser starken Form sind Argumente aus dem Nicht-Wissen fehlerhaft. Es gibt jedoch einige schwächere Varianten, die durchaus vernünftige LowPower-Argumente sein können. Deshalb dürfen wir nicht alle Argumente aus dem Nicht-Wissen von vornherein verdammen. Ein sinnvolles Argument bietet das nächste Beispiel:

■ ***Beispiel***

Kommissar Müller zu seinem Kollegen: *„Bisher konnte nicht wirklich nachgewiesen werden, daß Meier ein Spion ist. Wir sollten daher davon ausgehen, daß er mit der Spionageaffäre nichts zu tun hat."* ■

Müllers Argument kann plausibel sein. Denn wenn wir versuchen, jemandem nachzuweisen, daß er ein Spion ist, werden viele Untersuchungen und Nachforschungen angestellt. Wenn diese Sammlung von Informationen nicht zur Stützung der Konklusion führt, daß Meier ein Spion ist, spricht einiges dafür, daß er kein Spion ist. Dies ist natürlich nicht zwingend nachgewiesen, aber wir haben ein vernünftiges Plausibilitätsargument. Ein Argument aus dem Nichtwissen kann also ein brauchbares LowPower-Argument sein. Argumente aus dem Nichtwissen können auch dann vernünftig sein, wenn Sicherheitsfragen eine Rolle spielen. Es kann also sehr wohl Situationen geben, in denen Argumente aus dem Nichtwissen eine gewisse Plausibilität besitzen und auf vernünftige Weise die Beweislast verschieben können. So auch im nächsten Fall:

■ ***Beispiel***

PowerSoft, ein Softwareunternehmen, will mit EntraTox, einem Beratungsunternehmen, eine Kooperationsvereinbarung treffen, um sich gegenseitig in den Kompetenzen zu ergänzen. Bisher ist es jedoch noch zu keinem Abschluß gekommen. Kuno, Verhandlungsführer von PowerSoft, spricht darüber mit einigen Abteilungsleitern: *„Wir wissen nicht genau, ob EntraTox mit uns wirklich einen Vertrag abschließen wird. Wir sollten uns daher die Möglichkeit offenhalten, einen anderen Partner zu suchen.“* ■

Auch das Argument von Kuno kann sehr vernünftig sein.

5.12 Voll daneben

Bei Inter Technologies ist geplant, Zielververeinbarungsgespräche auf allen Ebenen einzuführen. Helmut, Leiter der Forschungsabteilung, hält jedoch nichts von dieser Maßnahme. Auf einer Besprechung äußert er seinen Standpunkt: „Ich bin dagegen, in unserem Unternehmen Zielvereinbarungsgespräche einzuführen. Denn ich glaube, jeder sollte selbst die Verantwortung für sich übernehmen.“

Über Helmuts Ausführungen kann man nur staunen. Welcher Zusammenhang besteht zwischen der Behauptung, daß Zielvereinbarungsgespräche nicht eingeführt werden sollten, und der vermeintlichen Prämisse, daß jeder für sich selbst die Verantwortung übernehmen sollte? Zumindest aus dieser knappen Äußerung ist nicht zu sehen, welcher Begründungszusammenhang hier besteht. An so einer Stelle ist es vernünftig zu fragen, inwiefern die genannten Gründe relevant sind. Helmuts Manöver kann als ein Beispiel für die **Irrelevanztaktik** betrachtet werden.

Wenn man einen Standpunkt begründen möchte, ist man verpflichtet, Prämissen anzuführen, die tatsächlich auch Gründe für die Konklusion darstellen. Die aufgeführten Gründe müssen für die Konklusion relevant sein. Es ist daher ein Fehler, wenn man Prämissen benutzt, die für die behauptete Konklusion völlig irrelevant sind. Man beweist durch solche Prämissen nicht die vermeintliche Konklusion. Zwei weitere Beispiele sollen die Irrelevanztaktik illustrieren:

Beispiel

Elke, ein Tennisprofi, wird gefragt, ob Leistungssport eigentlich irgendeinen Nutzen stifte. Sie antwortet: *„Soll Leistungssport wirklich unnütz sein? Ich sage Ihnen eines. Wir arbeiten tagtäglich extrem hart an uns. Viele Stunden werden mit äußerst anstrengendem Training verbracht. Wir stehen dabei auch unter einem riesigen psychischen Druck. Deshalb braucht man eine enorme mentale Stärke."*

Das mag alles richtig sein, was uns Elke hier erklärt. Aber zeigt das, daß Leistungssport nützlich ist? Elke begründet irgendeine andere Konklusion, aber nicht die, die eigentlich zur Debatte steht. In Argumentationssituationen sollten Sie sehr genau darauf achten, ob tatsächlich die Konklusion begründet wird, die zur Diskussion steht, oder ob bewußt oder unbewußt ein Ablenkungsmanöver gestartet wird – wie im folgenden Fall:

Beispiel

Journalist: *„Geben die Industrieländer den Entwicklungsländern nicht zu wenig Unterstützung?"*

Politiker: *„Das ist eine wirklich wichtige Frage. Ich bin davon überzeugt, daß vernünftiges Verhalten sowohl auf seiten der Industrieländer als auch auf seiten der Entwicklungsländer gefragt ist. Wenn wir hier die Zusammenarbeit intensivieren, braucht uns um die Zukunft – auch im Interesse der Entwicklungsländer – wirklich nicht bang zu sein."*

Aha. Kommt Ihnen das auch bekannt vor?

Wann werden Ablenkungsmanöver benutzt?

Sie werden natürlich besonders dann gern eingesetzt, wenn man sich einer Kritik oder einem Angriff ausgesetzt sieht. Das Entscheidende bei der irrelevanten Argumentation ist, daß man den Eindruck erweckt, als sei man noch beim Thema. Deshalb wird der Taktiker so oft wie möglich die Begriffe benutzen, die zum Diskussionsgegenstand passen, um auf diese Weise den Anschein aufrechtzuerhalten, als spräche man noch von derselben Sache.

Was kann man gegen die Irrelevanztaktik tun?

Wenn Sie Zweifel haben, ob die genannten Gründe Ihres Gesprächspartners wirklich relevant sind, dann bitten Sie Ihren Gesprächspartner am besten, seine Meinung noch einmal genau zu erläutern. Wenn er wieder dieselben zweifelhaften Gründe nennt, können Sie ihn durch eine kritische Frage auf die Irrelevanz aufmerksam machen und ihm gleichzeitig die Chance geben, seine Argumentation zu verbessern. Wird ganz bewußt ein Ablenkungsmanöver unternommen, sollten Sie versuchen, den Gesprächspartner deutlich auf das Thema oder die Frage zurückzuführen.

Natürlich sollten Sie aufpassen, nicht zu früh Ihre Kritik der Irrelevanz zu äußern, denn es könnte ja sein, daß es dem Gesprächspartner im Laufe seiner Ausführungen noch gelingt, einen Begründungszusammenhang herzustellen.

Folgendes Beispiel zeigt, wie man auf eine Irrelevanztaktik reagieren kann:

■ ***Beispiel***

Harald: *„Ich glaube, wir sollten der Empfehlung des Beratungsunternehmens folgen und ein eigenes Forschungs- und Entwicklungszentrum aufbauen. Denn wir alle wissen doch, „Innovation" ist das Zauberwort – gerade in unserer Branche."*

Regina: *„Natürlich ist Innovation in unserer Branche extrem wichtig. Aber inwiefern siehst du einen Zusammenhang zum Aufbau eines eigenen Forschungs- und Entwicklungszentrums?"* ■

Bei Diskussionen und Argumentationen taucht immer wieder die Schwierigkeit auf, daß Themen zur Sprache gebracht werden, die im Grunde nicht auf der Tagesordnung stehen. In solchen Fällen sollten Sie eine gemeinsame Vereinbarung treffen, welches Thema Sie genau behandeln wollen. Wenn Sie Einigung erzielt haben, können Sie – sobald wieder jemand abschweift – darauf aufmerksam machen und zum eigentlichen Diskussionspunkt zurückführen.

5.13 Wir drehen uns im Kreis

Harald entwickelt einen ungewöhnlichen Gottesbeweis:

Harald: „Gott existiert, denn in der Bibel wird von ihm berichtet."

Lydia: „Aber wer sagt dir, daß stimmt, was in der Bibel steht?"

Harald: „Die Bibel enthält immerhin das Wort Gottes."

Harald begründet die Existenz Gottes damit, daß in der Bibel von ihm berichtet wird. Die Glaubwürdigkeit der Bibel wiederum begründet er mit der Existenz Gottes. Diese Argumentationsweise nennt man **Zirkelschluß**. Ein Zirkelschluß liegt dann vor, wenn die Konklusion oder eine Formulierungsvariante davon bereits als Prämisse im Argument benutzt wurde. Wenn die Konklusion begründet werden soll, kann sie nicht als Prämisse in ihrem eigenen Argument auftauchen. Ein Zirkelschluß ist daher ein NoPower-Argument.

Zirkelschlüsse geschehen meistens unabsichtlich. Der Argumentierende erkennt nicht, daß er seinen Standpunkt durch eine inhaltlich identische Aussage zu begründen versucht. So auch im folgenden Fall:

■ ***Beispiel***

Karl: *„Ich habe es wirklich nicht getan. Sie können Fred fragen."*

Michael: *„Und warum soll ich Fred glauben?"*

Karl: *„Der ist ehrlich. Das garantiere ich."* ■

Na, wenn das kein überzeugendes Argument ist! Glauben Sie Karl jetzt?

Beispiel

Uwe: „*Unsere Maßnahmen sind absolut notwendig, um unser Unternehmen weiter am Leben zu halten. Denn ohne diese Maßnahmen können wir unsere Existenz nicht sichern.*“

Die Prämisse in Uwes Argument besagt das gleiche wie die Konklusion. Uns wurde kein echtes Argument geliefert. Die Prämisse ist genauso zweifelhaft wie die Konklusion, die eigentlich begründet werden sollte. Oft fällt der Zirkelschluß gar nicht auf. Er wirkt überzeugend, weil er einen einschärfenden Charakter hat. Uns wird eine Konklusion quasi eingebleut. Wenn die Konklusion gute Chancen hat vom Gesprächspartner akzeptiert zu werden, weil sie ihm angenehm oder sympathisch ist, dann kann es sein, daß der Zirkelschluß „erfolgreich“ ist. Denn der Gesprächspartner wird das Argument nicht so genau prüfen, wenn er ohnehin schon in die Richtung der Konklusion tendiert.

Ein Zirkelschluß kann dadurch getarnt sein, daß die Prämisse, die zur Stützung der Konklusion herangezogen wird, mit etwas anderen Worten formuliert wird, obwohl sie inhaltlich dasselbe aussagt. Das sehen wir in Richards Argument:

Beispiel

Richard: „ *Die Gerechtigkeit verlangt, daß alle die gleiche Steuerlast tragen. Denn es ist ein Gebot der Fairness, daß alle Bevölkerungsgruppen zu gleichen Teilen Steuerbeiträge leisten.*“

Ein hübsches Argument, aber inhaltlich sind die Prämisse und die Konklusion identisch.

Beispiel

Ida: „*Veränderungen verlangen immer Opfer.*“

Georg: *„Na, ich weiß nicht, ob das so stimmt."*

Ida: *„Doch. Es gibt nämlich keinen Wandel, der von uns nicht verlangt, Dinge zu opfern."* ■

Ob Ida sich bewußt ist, daß sie sich im Kreis dreht?

Was kann man gegen einen Zirkelschluß tun?

Bei einem Zirkelschluß sollten Sie einfach auf den Fehler aufmerksam machen. Wiederholen Sie die Konklusion, die Ihr Gesprächspartner aufgestellt hat, und welche Prämissen er benutzt hat, um diese Konklusion zu stützen. Dann wird deutlich werden, daß sich Ihr Gesprächspartner bei seiner vermeintlichen Argumentation im Kreis gedreht hat.

5.14 Nichts Halbes und Nichts Ganzes

Hans, ein treuer Fan seines Fußballvereins, sieht wieder einmal beim Training seiner Mannschaft zu. Er denkt: „Jeder Spieler dieser Mannschaft ist wirklich ein ausgezeichneter Spieler. Daher muß die Mannschaft auch ausgezeichnet sein."

Dieser Überlegung ist schon so mancher Bundesligaclub aufgesessen - und hat teuer dafür bezahlt. Kennen wir nicht alle Spitzenmannschaften, deren Teamleistung deutlich hinter den Erwartungen zurückbleibt? Der Gedankengang von Hans enthält den sogenannten **Fehlschluß der Zusammensetzung**. Dieser Fehlschluß passiert, wenn argumentiert wird, daß eine Einheit von Dingen eine bestimmte Eigenschaft hat, weil die Teile dieser Einheit diese Eigenschaft haben. Der gleiche Fehler unterläuft Gustav im folgenden Beispiel:

■ ***Beispiel***

Gustav: *„Alle Teilprojekte haben eine klare Zielsetzung. Daher hat auch das Gesamtprojekt eine klare Zielsetzung."* ■

Schön wärs! Es ist falsch anzunehmen, daß das, was von den Teilen gilt, auch von der zusammengesetzten Einheit wahr sein muß. Man übersieht dabei, daß Eigenschaften, die Teile eines Ganzen haben, sich nicht automatisch auf das Ganze übertragen lassen. Der Schluß „Alle Teile dieses Autos sind ganz leicht. Also ist das Auto ganz leicht." ist ein plastisches Beispiel für diesen Denkfehler. Sehen wir uns noch ein paar Beispiele für diesen Fehlschluß an:

■ ***Beispiel***

Iris: *„Jeder verfolgt seine eigenen Interessen und ist egoistisch. Unsere Gesellschaft ist daher egoistisch."* ■

■ ***Beispiel***

Bruno: *„Die Stahl- und die Kohleindustrie profitiert von Subventionen. Es wäre daher von Vorteil für unsere gesamte Wirtschaft, wenn alle Zweige entsprechend subventioniert würden."* ■

■ ***Beispiel***

Ines: *„Die Mitglieder in den einzelnen Abteilungen arbeiten wunderbar zusammen. Es ist daher zu erwarten, daß auch die Abteilungen insgesamt gut zusammenarbeiten."* ■

Der Bruder des Fehlschlusses der Zusammensetzung ist der **Fehlschluß der Teilung**. Hier geht man genau in umgekehrter Richtung vor. Man schließt von dem, was für eine Einheit von Dingen gilt, darauf, daß auch die einzelnen Bestandteile diese Eigenschaft haben. Dieser Fehlschluß unterläuft uns oft dort, wo man von etwas Allgemeinem auf einen besonderen Fall schließen möchte.

■ ***Beispiel***

Sonja zu ihrer Kollegin: *„Das Team X liefert hervorragende Leistung. Herr Meier ist aus diesem Team. Er muß daher ein Spitzenmann sein."*
■

Hoffentlich wird Sonja nicht enttäuscht. Achten Sie also darauf, Eigenschaften, die einzelne Bestandteile haben, nicht einfach auf das Ganze zu übertragen, das sich aus diesen Bestandteilen zusammensetzt – und umgekehrt.

5.15 Was ist die Alternative?

„Wie weit sind Sie denn mit den Ermittlungen im Fall Huber?“, fragte der Staatsanwalt. Komissar Rex lehnte sich zufrieden in seinen Sessel zurück. „Wir haben den Täter“, sagte er. „Sie wissen“, fuhr er fort, „wir haben drei Tatverdächtige gleich nach dem Überfall geschnappt. Zwei von ihnen konnten ein einwandfreies Alibi nachweisen, wir gehen daher davon aus, daß unser dritter Mann der Täter sein muß.“ Der Staatsanwalt runzelt die Stirn.

Was macht Komissar Rex so sicher, daß sein dritter Tatverdächtiger als Täter in Frage kommt? Seine Begründung ist, daß die beiden anderen als Täter ausscheiden. Die Gefahr ist groß, daß Kommissar Rex einen Fehlschluß begeht, den **Fehlschluß der falschen Alternative**. Dieser Fehlschluß entsteht, wenn man eine Alternative als richtig und akzeptabel einstuft, weil die anderen Alternativen unakzeptabel sind. Aber alle Möglichkeiten könnten gleichermaßen unakzeptabel und schlecht sein.

Anders sähe es aus, wenn wir mit Sicherheit wüßten, daß in einer Situation nur drei Möglichkeiten A, B, oder C in Frage kämen. Dann könnten wir tatsächlich schließen, daß Alternative C richtig sein muß, wenn sich A und B als falsch herausstellen. Kommissar Rex kann nur dann schließen, daß er den Täter hat, wenn seine drei Tatverdächtigen wirklich die einzig möglichen wären.

Der Fehlschluß der falschen Alternative ist ein NoPower-Argument, manchmal wird er jedoch als Taktik eingesetzt. Zuerst werden dabei mögliche Alternativen verdammt, anschließend wird der eigene Vorschlag als einzige mögliche Lösung hervorgezaubert. Durch die Gegenüberstellung dieses Vorschlags mit den anderen Optionen entsteht der Eindruck, als seien alle Möglichkeiten ausgeschöpft. So etwas geschieht in unserem nächsten Beispiel:

■ *Beispiel*

Gabi ist Immobilienmaklerin. Sie möchte ihre Kundin, Sarah, zum Kauf einer Eigentumswohnung bewegen. Gabi sagt: „*Ihnen ist doch sicher wichtig, Ihr Kapital wertbeständig anzulegen. Überlegen Sie doch mal, welche Möglichkeiten Sie dazu haben. Sie können zum einen in Aktien investieren. Aktien aber sind äußerst risikobehaftet. Zum anderen könnten Sie Ihr Geld in festverzinsliche Wertpapiere investieren. Aber sie kennen ja die Renditen. Das ist lachhaft. Was da als vernünftige Alternative nur noch in Frage kommen kann, ist der Kauf einer Immobilie.*“ ■

Gabi stellt also den Erwerb einer Immobilie als einzig sinnvolle Möglichkeit im Vergleich zu den anderen Optionen hin. Aber ist das richtig?

Wie kann man auf die Taktik der falschen Alternative reagieren?

Auf diese Taktik reagieren Sie am besten, indem Sie verdeutlichen, daß durch das Argument nicht gezeigt wird, daß die gewählte Alternative tatsächlich gut ist.

5.16 Rückzug

Es gibt einige Verteidigungstaktiken, mit denen ein Gesprächspartner versuchen wird, seine Position zu retten, wenn er sie in Gefahr sieht. Eine übliche Form ist der **definitorische Rückzug**. Bei einem definitorischen Rückzug ändert der Argumentierende die Bedeutung der Wörter, wenn ein Einwand gegen seine ursprüngliche Formulierung vorgebracht wird.

■ *Beispiel*

Susanne: „*Was ich vorhin gesagt habe, war natürlich nicht als Kritikpunkt an Ihrem Vorschlag gemeint. Es war eher eine Einladung zu einem vorsichtigeren Blickwinkel.*“ ■

Der definitorische Rückzug wird in vielen Fällen eingeleitet durch Worte wie „Ich meine natürlich ...“. Durch einen definitorischen Rückzug versucht man einen Gesichtsverlust zu vermeiden, wenn man erkannt hat, daß es um die eigene Position ziemlich schlecht steht. Die Taktik geht am ehesten dann unbemerkt durch, wenn die gewählte neue Bedeutung sehr plausibel ist. Es wird für Sie nicht leicht sein nachzuweisen, daß Ihr Gesprächspartner tatsächlich einen definitorischen Rückzug begangen hat. Sie sollten ihn im Verdachtsfall noch einmal einladen, seine Position klar zu formulieren. Die nächsten Versuche eines definitorischen Rückzugs werden ihm dann schon schwerer fallen.

Absicherungstaktik

In engem Zusammenhang mit der Rückzugstaktik steht die **Absicherungstaktik**. Sie leitet oft einen definitorischen Rückzug ein. Dabei benutzt man mit voller Absicht mehrdeutige Begriffe oder vage Ausdrücke. Sollte die eigene Position gefährdet sein, zieht man sich einfach auf eine Bedeutung zurück, die dem Angriff entgeht.

■ ***Beispiel***

Michael: *„Mit offensiver Preispolitik habe ich natürlich nicht gemeint, daß wir in einen Preiskampf mit unseren Wettbewerbern eintreten sollten, sondern nur, daß wir in unserer Preispolitik flexibler sein sollten.“*
■

Michael hat in seiner Äußerung gleich wieder eine Sicherheitsleine eingebaut, indem er von einer „flexiblen Preispolitik“ spricht. Diese Position ist schwer anzugreifen, weil sie kaum einzugrenzen ist. Je nach dem Standpunkt des Gesprächspartners kann eine Bedeutung aus dem vagen Begriffsfeld „flexible Preispolitik“ ausgewählt werden. Die Absicherungstaktik ist ein typisches Manöver des Opportunisten, der sich auf nichts festlegt und sich dann der Meinung anschließt, die den sicheren Gewinn verspricht. Diese Strategie verfolgt auch Karin im folgenden Beispiel:

■ *Beispiel*

Nina: *„Dein Vorschlag, PowerSell zu übernehmen, hat uns überhaupt nichts eingebracht. Im Gegenteil, die Schwierigkeiten sind in den letzten Monaten nur gewachsen."*

Karin: *„Ich habe gesagt, wenn wir PowerSell übernehmen, können wir nur gewinnen. Ich sehe es als Gewinn, auch wenn es schmerzhaft ist, wenn man daraus lernt, daß Übernahmen Schwierigkeiten in sich bergen. Wir lernen daraus nur für die Zukunft."* ■

Schön, wenn man selbst schwierigen Situationen noch positive Seiten abgewinnen kann, nicht wahr?

5.17 Sicherheitsmaßnahmen

Manchmal versucht der Gesprächspartner bereits in die Formulierung seines Standpunktes Sicherheitsmaßnahmen einzubauen. Eine Möglichkeit haben wir bereits im letzten Abschnitt kennengelernt. Eine weitere Sicherheitsoption sind versteckte Einschränkungen.

Was kann man unter einer versteckten Einschränkung verstehen? Ihr Gesprächspartner hat bei der Formulierung seines Standpunktes eigentlich eine Einschränkung gemacht. Über diese Einschränkung aber geht er im weiteren Verlauf seines Arguments flott hinweg, so daß die Behauptung schließlich einen absoluteren Eindruck macht, als sie durch die Einschränkung eigentlich machen dürfte. Dem Zuhörer entgeht dieser **Fehler der versteckten Einschränkung**. Folgendes Beispiel soll das illustrieren:

■ *Beispiel*

Karla versucht einige Mitglieder ihres Vereins davon zu überzeugen, daß die Vereinssatzung geändert werden sollte. Sie spricht mit einigen Mitgliedern darüber, sie sagt: *„Praktisch alle Mitglieder unseres Vereins sind an einer Satzungsänderung interessiert. Das haben viele Ge-*

spräche, die ich geführt habe, deutlich gezeigt. Daher sollten wir unbedingt eine Änderung vornehmen." ■

Der Ausdruckt „praktisch" schränkt die Reichweite Ihrer Behauptung ein. Karla fährt aber so fort, als wären alle Mitglieder wirklich befragt worden. Diese Ungenauigkeit wird oft aus rein taktischen Gründen angewendet. Wenn das Publikum oder der Zuhörer den Standpunkt nämlich nicht akzeptieren sollte, bleibt dem Argumentierenden die Möglichkeit, sich herauszureden. Karla könnte ihre ursprüngliche Aussage abstreiten und behaupten, sie habe nur von einer „großen Mehrzahl" gesprochen, die für die Satzungsänderung sei. Diese Taktik stellt eine Rückzugsmöglichkeit bereit, sollte der Argumentierende in Bedrängnis geraten.

Es ist aber ein Argumentationsfehler oder ein Fehler in der Präsentation des eigenen Standpunkts, wenn man eine eingeschränkte Behauptung als absolute Behauptung darstellt. Versteckte Einschränkungen werden oft und gern dann benutzt, wenn es keine definitiven Belege für einen behaupteten Zusammenhang gibt und eine Begründungslücke klafft. Obwohl also nur eine schwache Behauptung möglich ist, wird sie im Laufe der Diskussion zu einer starken Behauptung. Die Gefahr, aus schwachen Behauptungen starke zu machen, besteht vor allem da, wo es um die Beschreibung menschlichen Verhaltens geht und psychologische Erklärungen geliefert werden. Denn die meisten psychologischen Tatsachen und Zusammenhänge lassen nur sehr schwache Behauptungen zu.

■ ***Beispiel***

Harald erläutert seine psychologische Theorie: *„Jeder Mensch gehört zu einem bestimmten Typ. Mancher reagiert mehr auf visuelle Reize, mancher mehr auf auditive Reize. Wenn jemand zu Ihnen sagt: „Das möchte ich mir gern näher ansehen", dann ist er gewöhnlich ein visueller Typ. Jetzt müssen Sie eine Sprache benutzen, die ihn als Augenmensch anspricht und ihm visuelle Reize bieten."* ■

Auf der einen Seite stellt Harald eine sehr starke Behauptung auf, er betont, jeder Mensch gehöre zu einem bestimmten Typ; auf der anderen Seite benutzt er sehr vorsichtige Formulierungen, die diesen Standpunkt einschränken. Er spricht davon, daß mancher mehr auf visuelle Reize reagiert und mancher mehr auf auditive Reize. Zeigt das, daß jeder Mensch zu einem gewissen Typus gehört?

Was kann man tun?

Passen Sie auf, ob eingeschränkte Behauptungen aufgestellt werden und achten Sie darauf, ob sie später absolut gesetzt werden. Fragen Sie Ihren Gesprächspartner, was genau seine Behauptung ist. Fordern Sie ihn also zu einer Präzisierung seines Standpunktes auf.

5.18 Da Capo!

Schallplatten können hängenbleiben, wenn sie einen Kratzer haben. Die gleiche Stelle wird dann immer aufs neue wiederholt. Auch in Argumentationssituationen erleben wir manchmal, daß für Standpunkte nicht argumentiert wird, sondern diese Standpunkte einfach nur fortlaufend wiederholt werden. Doch aus der bloßen Wiederholung eines Standpunkts wird kein Argument. Betrachten Sie dazu folgenden Dialog:

■ ***Beispiel***

Georg: *„Wir müssen kundenorientierter arbeiten."*

Paul: *„Warum sollten wir das?"*

Georg: *„Es ist einfach so, wir müssen kundenorientierter werden."*

Paul: *„Ich weiß nicht."*

Georg: *„Doch Paul, wir müssen unbedingt kundenorientierter vorgehen."* ■

Im Grunde wird hier dem Gesprächspartner ein Standpunkt nur so lange eingeschärft, bis er ihn möglicherweise „schluckt". Argumente aber sind weit und breit keine in Sicht. Ständige Wiederholungen können große Suggestivkraft entwickeln. Wer diese Taktik, die wir **DaCapo-Taktik** nennen, benutzt, ist meistens immun gegen jedes Gegenargument. Es gilt, so lange und so penetrant wie möglich, den eigenen Standpunkt zu wiederholen, bis der Wunsch dagegen bzw. der Gesprächspartner völlig erlahmt ist.

■ ***Beispiel***

Abteilungsleiter Max spricht zu Geschäftsführerin Hilde: *„Ich habe Ihnen schon ein Jahr lang ausführlich dargelegt, daß es unmöglich ist, in unserer Abteilung noch Kosten zu sparen. Wo sollen wir anfangen? Beim Personal? Das geht nicht. Bei der Organisation? Das geht auch nicht. Wir haben keine Möglichkeiten, Einsparungen zu realisieren. Es geht einfach nicht.“* ■

An keiner Stelle bringt Max ein Argument dafür, warum keine weiteren Kosten gesenkt werden können. Lassen Sie sich durch diese Taktik nicht aus der Ruhe bringen, auch wenn sie entnervend sein kann. Beharren Sie einfach auf Ihrer Position und laden Sie den Gesprächspartner unermüdlich ein, seinen Standpunkt zu begründen. Genau dies tut Hilde als Reaktion auf die DaCapo-Taktik von Max. Sie erwidert: „Ich sehe, daß es für Sie schwierig zu sein scheint, Einsparungen vorzunehmen. Könnten Sie mir bitte die wichtigsten Gründe nennen, die es Ihnen unmöglich machen?“

5.19 Die Macht der Menge

Wenn viele Menschen hinter einem stehen, dann kann das ein wichtiger Machtfaktor sein. Die Macht der Menge aber ist ein irrelevanter Faktor, wenn es ums Argumentieren geht. Denn nur weil viele Menschen etwas glauben oder befürworten, muß ein Standpunkt nicht richtig sein. Diese Art der Argumentation können wir **Zahlenargument** nennen.

Beispiel

Kuno zu seinem Kollegen: *„Natürlich war die deutsche Einheit sinnvoll. 60 Millionen Deutsche können sich doch nicht irren."*

Es ist ein Fehler anzunehmen, daß eine Meinung berechtigt ist, nur weil viele Menschen diese Meinung vertreten.

Beispiel

Simon plädiert dafür, daß die Unternehmenssteuer in Deutschland gesenkt werden sollte: *„Ich glaube, daß wir an einer Senkung der Unternehmenssteuer nicht vorbeikommen. In allen anderen europäischen Ländern ist sie schon durchgeführt worden."*

Daß in anderen europäischen Ländern bereits eine solche Steuersenkung durchgeführt wurde, ist für sich genommen noch kein hinreichender Grund, auch bei uns eine solche Steuersenkung durchzuführen. Der Argumentierende müßte zeigen, inwiefern die Tatsache, daß in allen europäischen Ländern die Steuersenkung durchgeführt wurde, relevant ist für die Behauptung, auch in Deutschland dasselbe zu tun. Auch im nächsten Beispiel wird ein fehlerhaftes Zahlenargument benutzt:

Beispiel

Inge: *„Wenn das alles nicht wahr sein soll, was die Astrologie sagt, dann frage ich dich, warum so viele Menschen so viele Jahrhunderte lang daran geglaubt haben!"*

Die Menschen haben auch daran geglaubt – und zwar viele Jahrhunderte lang –, daß die Erde eine Scheibe ist. Auch das hat sich als Irrtum herausgestellt. Stoßen Sie auf ein Zahlenargument, dann kann es eindrucksvoll sein, wenn Sie ein Gegenbeispiel vorbringen, das deutlich macht, daß die Zahl der Anhänger nicht die Richtigkeit einer Meinung verbürgt.

Aber es gibt auch beim Zahlenargument Fälle, die plausibel sein können. Das NoPower-Argument kann in manchen Situationen zu einem LowPower-Argument werden.

■ ***Beispiel***

Claudia zu ihrem Freund: „*Wir sollten zu dem See dort drüben fahren. Alle Einheimischen haben gesagt, dies sei der schönste Badesee in der Gegend.*" ■

In diesem Fall kann ein Zahlenargument durchaus Plausibilität besitzen. In gewisser Weise ähnelt es einem Autoritätsargument. Denn wir können die Bevölkerung in einer Gegend als Autoritäten im Hinblick auf die schönsten Badeseen ansehen. Hier kann das Zahlenargument also ein brauchbares Argument sein.

5.20 Der einseitige Blick

Wenn wir Entscheidungen vorbereiten, dann sollten wir uns ansehen, welche Argumente dafür sprechen und welche dagegen. Und dann gilt es abzuwägen, welche Seite schwerer wiegt und welche Seite die besseren Argumente hat. Wer einer solchen Pro und Contra Argumentation aus dem Weg geht, der begeht den **Fehler der einseitigen Perspektive**. Zwei Beispiele machen diesen Fehler deutlich:

■ ***Beispiel***

Rudi zu seinem Sohn: „*Du solltest auf jeden Fall ins Ausland gehen. Du lernst neue Leute kennen und eine neue Sprache. Du mußt mit neuen Herausforderungen fertigwerden, und wenn du zurückkommst, hast du erheblich bessere Aufstiegschancen.*" ■

■ ***Beispiel***

Agnes: „*Ich halte nichts davon, sich selbständig zu machen. Die Gefahren sind viel zu groß. Du mußt viel zu viel arbeiten. Du bist abhän-*

gig von den Banken, die dein Unternehmen finanzieren. Du kannst dich nicht um deine Familie kümmern.“ ■

Der Fehlschluß der einseitigen Perspektive kann sowohl von der Vorteilsseite her geschehen als auch von der Nachteilsseite. Eine objektive Abwägung wird in jedem Fall vermieden. Wenn relevantes Material ignoriert wird, dann lassen wir uns dadurch zu schnell auf eine Seite der Entscheidung ziehen. In unserer eigenen Argumentation sollten wir darauf achten, ob wir, wenn es um Entscheidungen geht, wirklich vorurteilsfrei alle Perspektiven geprüft haben. Wir betrügen uns selbst, wenn wir bloß die eine Seite der Medaille in Augenschein nehmen, nur weil sie am stärksten unserer Wunschvorstellung entspricht.

Es gibt eine sehr raffinierte Variante der einseitigen Perspektive, auf die man achtgeben sollte. Sie funktioniert auf folgende Art und Weise: Angenommen Sie wollen für die positive Seite einer Entscheidung argumentieren. Dann nennen Sie zuerst einen ganz marginalen Nachteil, sozusagen das Zugeständnis an die andere Seite (Sie täuschen Objektivität vor) und starten dann mit der Aufzählung der positiven Aspekte.

■ ***Beispiel***

Bei der Logo GmbH geht es um die Frage, ob man ein neues Produkt herstellen sollte, obwohl man bisher keinerlei Erfahrung mit der Produktion dieses oder eines ähnlichen Produkts hat. Rudi favorisiert die Idee der Produktion. Er argumentiert:

„Natürlich würde die Herstellung dieses neuen Produkts bedeuten, daß unsere Mitarbeiter eingearbeitet werden müßten, aber dem stehen die Vorteile entgegen, daß wir uns ein ganz neues Marktsegment erschließen können, ein Marktsegment, das ein ungeheures Wachstumspotential aufweist.“ ■

Daß die Mitarbeiter eingearbeitet werden müßten, wenn man das fragliche Produkt herstellen will, ist nur ein Randaspekt der Nachteilsseite. Es dürfte schwerwiegendere Gründe geben, die gegen eine Produktion sprechen. Aber über die geht Rudi geschickt hinweg.

5.21 Widerlege das Beispiel!

Um anschaulich zu argumentieren, kann es sehr nützlich sein, ein Beispiel zur Illustration zu bringen. Wenn nun das Beispiel angegriffen und widerlegt wird, die zentrale Behauptung und das zentrale Argument aber davon unberührt bleibt, so wird der **Fehlschluß der Beispielswiderlegung** begangen. Wenn man ein Beispiel widerlegt, das nur zu Illustrationszwecken vorgebracht wird, dann darf man nicht so tun, als habe man das Argument selbst erfolgreich angegriffen.

■ ***Beispiel***

Emil: „*Erstaunlich viele Vorgesetzte sind Choleriker. Zum Beispiel der Herr Bauer aus der Vertriebsabteilung, der rastet ständig aus und hat cholerische Anfälle.*"

Xaver: „*Das stimmt nicht. Der Bauer ist gar kein Chef.*" ■

Der Angriff auf das Beispiel ist kein Angriff auf das zentrale Argument oder die zentrale Behauptung. Ein Argument darf nicht deswegen diskreditiert werden, weil das zur Illustration gewählte Beispiel nicht paßt.

Auf die Taktik der Beispielswiderlegung reagieren Sie am besten, indem Sie genau diesen Punkt herausstreichen.

5.22 Welche Sprache sprechen Sie?

Die inhaltliche Qualität Ihrer Argumente hängt nicht nur von der verwendeten Argumentform ab, sondern auch von der Sprache, in die Sie Ihre Argumente kleiden. Dabei gilt eine wichtige Regel: Je präziser Sie sich ausdrücken, umso besser sind Ihre Argumente. Denn für Ihren Gesprächspartner und auch für Sie selbst wird Ihr Gedankengang dadurch nachvollziehbarer.

Ein großer Schwachpunkt in vielen Argumentationen ist eine unklare Sprache. Gerade in einer Zeit, in der uns Begriffe wie „Kundenorientierung“, „Qualitätsmanagement“ oder „Reengineering“ überfluten. Jeder benutzt diese Ausdrücke, meint aber immer etwas ganz anderes damit. Diese Vagheit finden wir aber nicht nur in den Modewörtern der Managementtheorie. Wir treffen sie auch bei wichtigen Alltagsbegriffen. Betrachten Sie doch nur einmal den Ausdruck „Ziel“. Wer kann schon klar erläutern, was ein Ziel genau ist?

Andere sehr strapazierte, aber im Grunde unklare Begriffe sind „kooperativer Führungsstil“, „Kommunikation“, „Struktur“. Fast alle benutzen diese Wörter, aber jeder versteht etwas anderes darunter. Die Folge ist ein babylonisches Sprachwirrwarr. Wir verwenden zwar die gleichen Worte, verstehen uns aber trotzdem nicht. Daher ist es wichtig, daß Sie beim Aufbau einer Argumentation darauf achten, möglichst präzise Begriffe zu verwenden, oder diese Begriffe bei Bedarf erklären zu können.

Wenn Ihr Gesprächspartner typische Schlagwörter in seinen Argumenten benutzt, bitten Sie ihn, diese Begriffe zu erläutern. Sie werden nämlich aneinander vorbeireden, wenn Sie keine Präzisierung vornehmen. Gehen Sie nicht davon aus, daß alle dasselbe unter einem Ausdruck verstehen. Es gibt eine interssante Maxime, die in diesen Zusammenhang paßt: Sprechen Sie nicht so, daß Sie verstanden werden; sondern sprechen Sie so, daß Sie nicht mißverstanden werden. Diese Regel besagt, daß Sie Ausdrücke und Formulierungen benutzen sollten, durch die gewährleistet wird, daß Sie in genau der Weise verstanden werden, wie Sie verstanden werden wollen (Ich hoffe, wir haben uns klar genug ausgedrückt).

Natürlich können wir an unsere Sprache nicht den Maßstab anlegen, daß alle Begriffe immer optimal präzise sind. Das ist eine unerfüllbare Forderung. Denn selbst in unsere Begriffe der Alltagssprache, zum Beispiel den Ausdruck „Stuhl“, ist Vagheit eingebaut. Welche Gegenstände können unter diesen Begriff fallen? Es gibt keine eindeutigen Standards, die für jede Situation und in jeder Hinsicht festlegen würden, was als Stuhl gelten kann. Auf einer Hütte in den Bergen kann eine umgedrehte Holzkiste durchaus ein Stuhl sein.

Welchen Maßstab an Präzision wir anlegen, hängt auch davon ab, in welchem Argumentationskontext wir uns befinden. Wenn es sich um eine wissenschaftliche Diskussion handelt, werden wir strengere Maßstäbe voraussetzen, als wenn es eine Teambesprechung zum Betriebsausflug oder eine Stammtischrunde ist.

Kurz: Wir müssen mit Vagheit notgedrungen leben. Aber wir sollten uns der Fallstricke bewußt sein, die darin lauern, daß wir vage und unklare Begriffe benutzen. Viele Diskussionen verlaufen oft deshalb ergebnislos, weil jeder dieselben Wörter in unterschiedlicher Weise versteht. Deshalb ist es wichtig, bei möglichen Unklarheiten sofort nachzufragen, was mit diesem oder jenem Begriff genau gemeint ist. „Was heißt für Sie kooperativer Führungsstil genau? Was umfaßt das alles für Sie?“ Wenn wir diese Frage bei einer Diskussion zum Thema „kooperativer Führungsstil“ nicht stellen, dann kann es sein, daß wir völlig aneinander vorbeireden. Auf der anderen Seite bietet die Frage nach der Präzisierung eines Begriffes auch die Möglichkeit zu sehen, wo man Übereinstimmungen mit seinem Gesprächspartner hat oder wo der Gesprächspartner vielleicht in Widersprüche gerät.

Die Vagheit von Begriffen ist die Ursache dafür, daß viele Argumente fehlschlagen und zu NoPower-Argumenten werden. Wir möchten Ihnen einen Argumentationsfehler vorstellen, der auf Vagheit beruht. Er entsteht dadurch, daß einzelne Wörter nicht durchgängig in der gleichen Bedeutung verwendet werden. Vielmehr wird den Ausdrücken im selben Argument manchmal eine weite und manchmal eine enge Bedeutung beigelegt.

■ *Beispiel*

Paula und Rita unterhalten sich über das Heiraten. Paula ist der Meinung, daß die Ehe eine ausgezeichnete Institution sei, die unbedingt erhalten werden sollte. Rita dagegen ist der Meinung, daß die Ehe sich überlebt hat und andere Formen des Zusammenlebens den Bedürfnissen der Menschen besser entsprechen. Es entspinnt sich folgender Dialog:

Rita: *„Zu heiraten heißt doch, sich gegenseitig das Versprechen zu geben, für den Rest seines Lebens mit ein und derselben Person zusam-*

menzubleiben. Aber niemand kann wirklich sicher vorhersagen, ob man sich mit der anderen Person für immer verträgt."

Paula: *„Aber inwiefern spricht das gegen die Ehe? Machen wir nicht öfters Versprechen, die wir dann einfach nicht halten können?"*

Rita: *„Sicher. Aber die Sache ist doch die, daß man kein Versprechen geben sollte, wenn man nicht sicher vorhersagen kann, daß man es auch halten wird."*

Paula: *„Dann meinst du also: Wenn zwei Menschen sich nicht vertragen, dann können sie auch nicht zusammleben. Dann sollten sie sich auch kein solches Versprechen geben, weil sie es ohnehin nicht halten können."*

Rita: *„Genau das meine ich und daraus folgt exakt, daß man nicht heiraten sollte."* ■

Rita scheint in diesem Beispiel ein sehr gutes Argument zu besitzen. Was könnte Paula darauf überhaupt noch erwidern? Das Argument erscheint korrekt, und die einzelnen Prämissen sehen sehr plausibel aus. Sehen wir uns das Argument jetzt einmal genauer an. Es hat folgende Struktur:

(1) Zu heiraten heißt, sich das Eheversprechen zu geben, für den Rest seines Lebens mit ein und derselben Person zusammenzubleiben.
(2) Niemand kann wirklich sicher vorhersagen, ob man sich mit der anderen Person für immer verträgt.
(3) Man sollte kein Versprechen geben, wenn man nicht wirklich sicher vorhersagen kann, daß man es auch halten wird.
(4) Wenn zwei Menschen sich nicht vertragen, dann können sie auch nicht zusammenleben.
(5) Man sollte nichts versprechen, das man nicht tun kann.

Daher: Man sollte nicht heiraten.

Das ist ein Argument mit fünf Prämissen. Wenn Sie diese Prämissen einmal einzeln betrachten, dann scheint jede für sich ein hohes Maß an Plausibilität zu besitzen. Alle zusammen haben sie die Konklusion zur Folge, daß man nicht heiraten sollte. Wie genau funktioniert das? Aus den Prämissen (2) und (4) folgt, daß man nicht sicher vorhersagen kann, ob man mit der anderen Person für immer zusammenleben kann. Zusammen mit (3) und (5) folgt daraus, daß man niemand verprechen sollte, daß man für den Rest seines Lebens mit ihm zusammenleben wird. Aber dies, zusammen mit Prämisse (1), ergibt die Konklusion, daß man nicht heiraten sollte.

Das Argument scheint logisch in sich schlüssig. Trotzdem ist etwas falsch gelaufen. Der springende Punkt sind die Vagheit solcher Ausdrück wie „sich vertragen“ und „etwas sicher vorhersagen“. Sehen wir uns nur einmal den ersten Begriff an. Was bedeutet „sich vertragen“ eigentlich genau? Dieser Ausdruck ist nicht exakt definiert. Man kann ihn auf unterschiedliche Weise verstehen. Insbesondere könnte man ihm eine strenge, enge Bedeutung oder eine tolerante, weite Bedeutung geben:

„Sich vertragen“:

Enge Bedeutung: „sehr gut und konfliktfrei miteinander leben (in Liebe und Harmonie).“

Weite Bedeutung: „mit Spannungen zusammenleben und als Paar funktionieren.“

Der Ausdruck „sich vertragen“ kommt in den Prämissen (2) und (4) vor. Aber mit welcher Bedeutung kommt er darin vor, mit der weiten oder mit der engen? Prämisse (2) macht im Grunde nur Sinn, wenn dem Ausdruck die enge Bedeutung gegeben wird. Gibt man ihm die weite Bedeutung, kann es nämlich sein, daß die Prämisse falsch wird, weil es durchaus Paare geben kann, die zumindest den Mindeststandard des Sich Vertragens erfüllen können und sich auch trauen, diese Mindestanforderung vorherzusagen. Wie steht es mit Prämisse (4)? Diese Prämisse ist nur plausibel, wenn man „sich vertragen“ in der weiten Bedeutung nimmt. Denn niemand wird bestreiten, daß man gut zusammenleben kann, auch wenn man nicht konfliktfrei in Liebe und

Harmonie sein Leben zusammen verbringt. In Prämisse (4) muß also die weite Bedeutung gewählt sein.

Jetzt sehen wir, was in dem gesamten Argument schiefläuft: Der Ausdruck „sich vertragen“ schwankt zwischen verschiedenen Bedeutungen. An diesem Punkt könnte man das Argument kritisieren. Natürlich fällt uns der Fehler erst dann genau auf, wenn wir das Argument einer näheren Analyse unterziehen, was in Dialogsituationen im Eifer des Gefechts nur schwer möglich ist. Was also in Gesprächen tun? Achten Sie auf Schlüsselwörter, die im Argument vorkommen. Fragen Sie nach, was genau mit dem Schlüsselwort gemeint ist. Achten Sie später dann darauf, ob dem Schlüsselwort immer noch die gleiche Bedeutung beigelegt wird, oder ob sich die Bedeutung geändert hat. In diesem Fall können Sie den Argumentierenden dafür kritisieren.

5.23 Emotional geladen

Die Worte, die Sie benutzen, färben Ihre Argumente. Durch die Wahl Ihrer Worte können Sie Ihre eigene inhaltliche Argumentation unterstützen und die Ihres Gesprächspartners unterminieren. Wer etwas Positives ausdrücken möchte, spricht anstelle von „Kosten“ von „Investitionen“, anstelle von „Problemen“ von „Situationen“ oder „Herausforderungen“, anstelle von „Fehlern“ von „Verbesserungspotentialen“, anstelle von „Krisen“ von „Lernchancen“. Wer Dinge eher ins Negative rücken möchte, spricht nicht von „Lernchancen“, sondern von „Krisen“, anstelle von „Herausforderungen“ von „Katastrophen“, anstelle von „konstruktiven Vorschlägen“ von „unausgegorenen Ideen“, usw.

Wörter können die Argumentation in ein bestimmtes Licht rücken, so daß die inhaltliche Qualität der Argumente oft aus dem Blickfeld verschwindet. Die Wortwahl kann sogar die Korrektheit von Argumenten beeinflussen und diese Argumente zu NoPower-Argumenten machen. Wir sprechen dann vom **Fehler der emotional geladenen Wörter**. Sehen Sie sich folgendes Beispiel an:

Beispiel

Egon: „Wir sollten in unserem Unternehmen kein Reengineeringprogramm starten. Das ist doch nur wieder eine dieser Managementmoden, die aus Amerika importiert wurden."

Egon ist gegen ein Reengineeringprogramm. Das ist seine zentrale Behauptung, seine Konklusion. Er begründet diese Behauptung mit der Prämisse, daß es sich dabei um eine jener Managementmoden handelt, die aus Amerika importiert werden. Das Reizwort ist der Ausdruck „Managementmode". Die Verwendung impliziert, beim Reengineering handle es sich um keine substantielle Methode, die Erfolg verspricht, sondern lediglich um eine neue und kurzlebige Modeerscheinung. Dieses Reizwort dominiert das gesamte Argument. Wenn jemand auch nur ansatzweise in eine ähnliche Richtung denkt wie Egon, wird er die zentrale Behauptung sofort unterschreiben. Obwohl durch dieses Argument in keiner Weise gezeigt wird, warum ein Reengineeringprogramm für Egons Unternehmen sinnvoll sein kann. Im Grunde wird durch die Verwendung von negativen Ausdrücken jede Argumentation unterbunden. Auch im folgenden Fall wird versucht, durch einen emotional geladenen Ausdruck den eigenen Standpunkt zu untermauern:

Beispiel

Rudi zu seinen Arbeitskollegen: „Es bringt doch nichts, wenn wir schon wieder eine neue Arbeitsgruppe bilden. Da findet doch nur nutzloses Palaver statt."

Ist das ein gutes Argument gegen die Einrichtung einer Arbeitsgruppe? Daß in solchen Arbeitsgruppen nur nutzloses Palaver stattfindet, ist der einzige Grund, den Rudi anführt. Aber das ist reine Polemik. Wenn Rudis Kollegen Arbeitsgruppen auf ähnliche Weise einschätzen, werden Sie seinem NoPower-Argument kritiklos folgen.

Wörter besitzen „Überzeugungsenergie", die sich auf das gesamte Argument übertragen kann. Achten Sie daher darauf, ob in einem Argument Ausdrücke vorkommen, die allein aufgrund ihrer polemischen Kraft eine Konklusion zu stützen versuchen.

Was könnten Sie konkret gegen emotional geladene Ausdrücke tun? Entweder Sie stellen eine kluge Frage, durch die Sie den Gesprächspartner wieder auf eine sachliche Schiene lenken. (Frage an Rudi: „Was könnte man tun, um „nutzloses Palaver“, wie Sie sagen, zu verhindern?“); oder Sie weisen darauf hin, daß der von Ihrem Gesprächspartner benutzte Ausdruck auf die Situation nicht zutrifft. (Reaktion auf Rudi: „Sie haben völlig recht. Es sollte verhindert werden, daß in Arbeitsgruppen ineffektiv diskutiert wird. Das aber können wir in diesem Fall erreichen, wenn wir …“.)

6 Alle 35 Taktiken auf einen Blick

Zum Schluß geben wir Ihnen einen Überblick über alle Taktiken, die wir in diesem Buch für Sie zusammengestellt haben.

Prinzipielle Reaktionsmöglichkeiten auf alle diese Taktiken:

1. Sie nennen die Taktik oder den Fehler beim Namen und markieren ihn als irrelevant für eine kritische und lösungsorientierte Diskussion. Diese Reaktion hat manchmal den wirkungsvollen psychologischen Effekt, daß Ihr Gesprächspartner erkennt, daß Sie im logischen Argumentieren geschult sind und er dadurch in seiner Argumentation vorsichtiger wird.
2. Sie stellen kritische Fragen, die sofort die Schwachstellen der vermeintlichen Argumentation aufdecken.
3. Sie bringen einprägsame Gegenbeispiele oder starten einen wirksamen Gegenangriff, was oft dann notwendig sein kann, wenn eine beobachtende dritte Partei anwesend ist, zum Beispiel bei einer Podiums- oder Fernsehdiskussion.

Brunnenvergiftung
Der Gesprächspartner wird in seiner Position erschüttert, bevor er überhaupt ein Wort geäußert hat.

Tabuisierungstaktik
Ein bestimmtes Thema wird von vornherein aus der Diskussion ausgeschlossen.

Direktes Argument gegen die Person
Der Charakter einer Person, ihre Vertrauenswürdigkeit oder ihre Motive werden in Frage gestellt.

Indirektes Argument gegen die Person
Es wird ein Widerspruch aufgezeigt zwischen dem Argument oder der Position einer Person und ihren Lebensumständen, Verhaltensweisen oder früheren Äußerungen.

Argument gegen die Unparteilichkeit
Einer Person wird prinzipielle Voreingenommenheit unterstellt.

Evidenztaktik
Ein Sachverhalt wird als völlig klar und evident hingestellt, so daß sich jede weitere Diskussion und Argumentation erübrigt.

Garantietaktik
Der Argumentierende garantiert die Richtigkeit seiner Behauptung.

Taktik des abstrusen Gegenbeispiels
Eine aufgestellte Verallgemeinerung wird so stark interpretiert, daß sie durch ein verrücktes Beispiel aus den Angeln gehoben werden kann.

Traditionsargument
Ein Sachverhalt wird als positiv oder richtig hingestellt, weil er schon sehr lange Bestand hat.

Fehlschluß der Faktenverneinung
Tatsachen werden ignoriert oder verneint, weil sie Prinzipien widersprechen, an denen man festhalten möchte.

Emotionale Appelle

Populäre Gefühle
Man appelliert an die Gefühle, von denen man weiß, daß sie auf die Bedürfnisse der Mehrheit der Menschen antworten.

Solidaritätsgefühle
Wir-Gefühle werden angesprochen.

Furcht
Angsgefühle werden erregt.

Moderate Gefühle
Es wird dafür appelliert, keine Extreme zu verfolgen, sondern einen ausgeglichenen Mittelweg zu wählen.

Appell an das Gute im Menschen
Es wir an den Wunsch und das Selbstbild der Menschen appelliert, fair zu sein und integre Ziele zu verfolgen.

Mitleid
Mitleidsgefühle werden erregt.

Die Überlegenheit der Gefühle
Es wird dafür plädiert, daß wir unseren Gefühlen mehr vertrauen sollten als unserem Verstand.

Die Strohmann-Taktik
Dem Gesprächspartner wird ein fiktiver Standpunkt unterstellt, oder sein Standpunkt wird verzerrt oder übertrieben.

Triviale Einwände
Ein Einwand wird vorgebracht, der nur Randaspekte eines Themas, eines Vorschlags oder Argumentes betrifft.

Fehlschluß der unerreichbaren Vollkommenheit
Eine Alternative wird verdammt, weil sie nicht perfekt ist, obwohl keine bessere Lösung in Sicht ist.

Argument aus dem Nichtwissen
Aus der Tatsache, daß ein Sachverhalt nicht schlüssig bewiesen ist, wird gefolgert, daß das Gegenteil richtig sein muß.

Irrelevanztaktik
Es werden Prämissen benutzt, die für die behauptete Konklusion völlig irrelevant sind.

Zirkelschluß
Die zu begründende Konklusion kommt bereits als Prämisse in ihrem eigenen Argument vor.

Fehlschluß der Zusammensetzung
Einer Einheit von Dingen wird eine bestimmte Eigenschaft zugeschrieben, weil die Teile dieser Einheit diese Eigenschaft haben.

Fehlschluß der Teilung
Man schließt von dem, was für eine Einheit von Dingen gilt, darauf, daß auch die einzelnen Bestandteile diese Eigenschaft haben.

Fehlschluß der falschen Alternative
Man stuft eine Alternative als richtig und akzeptabel ein, weil die anderen Alternativen unakzeptabel sind.

Definitorischer Rückzug
Der Argumentierende ändert die Bedeutung der Wörter, wenn ein Einwand gegen seine ursprüngliche Formulierung vorgebracht wird.

Absicherungstaktik
Man benutzt mit Absicht mehrdeutige Begriffe oder vage Ausdrücke. Sollte die eigene Position gefährdet sein, zieht man sich auf eine Bedeutung zurück, die dem Angriff entgeht.

Fehler der versteckten Einschränkung
Man stellt eine eingeschränkte Behauptung als absolute Behauptung dar.

DaCapo-Taktik
Ein Standpunkt wird fortlaufend wiederholt.

Zahlenargument
Ein Standpunkt wird als richtig betrachtet, weil er eine große Anhängerzahl hat.

Fehler der einseitigen Perspektive
Ein Sachverhalt wir nur aus einem Blickwinkel (Pro oder Contra) betrachtet.

Fehlschluß der Beispielswiderlegung
Man widerlegt ein Beispiel, das nur zu Illustrationszwecken vorgebracht wird. Das eigentliche Argument bleibt unangetastet.

Vage Ausdrücke
Im Argument kommen ungenaue und mehrdeutige Ausdrücke vor.

Fehler der emotional geladenen Wörter
Das Argument stützt sich auf Wörter, die mit positiven oder negativen Assoziationen besetzt sind.

7 Übungen

Zum Abschluß haben wir ein paar Übungen für Sie zusammengestellt. Es geht einfach darum, Argumente und Argumentformen zu erkennen. Am Ende dieses Abschnitts finden Sie einen Lösungsteil.

Übung 1: Identifizieren Sie im folgenden Argument die Prämissen und die Konklusion.

Ein Politiker zu seinem Kollegen: „*Das Rauchen von Marihuana sollte nicht legalisiert werden, da über die Langzeiteffekte von Marihuana zu wenig bekannt ist und das Rauchen von Marihuana oft zum Gebrauch harter Drogen führt.*“

Übung 2: Folgendes Argument stammt von einem Philosophen. Identifizieren Sie wieder die Konklusion und die Prämissen.

Der menschliche Geist ist nicht mit dem menschlichen Gehirn identisch. Denn der menschliche Körper, einschließlich Gehirn, ist ein materieller Gegenstand. Der menschliche Geist ist ein nicht-materieller Gegenstand. Nichts kann zugleich ein materieller und ein nicht-materieller Gegenstand sein.

Übung 3: Welche Argumentform benutzt Ruth im folgenden Dialog?

Ruth: „*Ich könnte dir von einigen Renaissancepäpsten Dinge erzählen, daß dir die Haare zu Berge stünden.*“

Hans: „*Irgendwie bekomme ich das Gefühl, daß doch einiges für den Protestantismus spricht.*“

Ruth: „*O nein, sag das nicht. Erkennst du denn nicht, daß dies im Grunde ein weiterer Beweis dafür ist, daß die Kirche wirklichen göttlichen Ursprungs ist. Jede andere Institution wäre seit Jahrhunderten bereits zusammengebrochen, hätte sie so viele korrupte Mitglieder gehabt. Aber es gibt etwas, das die Kirche am Leben erhält.*“

a) Schlußkette
b) Dilemma
c) Nein-zur-Konsequenz-Argument

Übung 4: Welche Argumentform benutzt Paul im folgenden Argument?

Paul: „*Die Arbeitgeber werden in der Abschlußverhandlung in der nächsten Woche bestimmt wieder ihre Zielvorstellungen verwirklichen können. In der Vergangenheit haben sie ja immer ihre Ziele weitestgehend durchsetzen können.*“

a) Autoritätsargument
b) statistischer Syllogismus
c) Ja-zur-Konsequenz-Argument

Übung 5: Welche Argumentform benutzt Lydia?

Lydia: „*Unser Bildungssystem ist dringend reformbedürftig. Alle führenden Wissenschaftler stehen auf diesem Standpunkt. Daher muß unbedingt etwas in diese Richtung unternommen werden.*“

a) Autoritätsargument
b) Hypothesenbestätigung
c) Ausnahmeargument

Übung 6: Welche Argumentform benutzt Klaus in folgender Passage?

Klaus: „*Politisches Chaos und die hohe Arbeitslosigkeit haben in der Weimarer Zeit dazu geführt, daß die Demokratie zerstört wurde. Und wie sieht die Situation heute aus? Auch heute haben wir ein riesiges Heer an Arbeitslosen. Wir sollten daher aufpassen, daß wir unser demokratisches System nicht gefährden.*“

a) Autoritätsargument
b) Argument aus dem Nichtwissen
c) Analogieargument

Übung 7: Welche Argumentform benutzt Rita?

Rita zu den Vertriebsmanagern: „*Die Verkaufszahlen in der Region Nord sind drastisch zurückgegangen, im Süden sind sie dagegen leicht gestiegen. Außerdem haben sich die Beschwerden im Norden erhöht. Ich vermute daher, daß die Verkaufsmannschaft im Norden nicht gut funktioniert.*“

a) Argument der praktischen Konsequenzen
b) Indizienargument
c) Verschwendungsargument

Übung 8: Welche Argumentform benutzt Hans?

Hans: „*Wir haben bereits eine Menge an Energie, Zeit und Geld in die Entwicklung dieses neuen Motors gesteckt. All dies wäre verloren, wenn wir jetzt die Entwicklungsarbeit einstellen würden. Vor allem angesichts der Tatsache, daß uns letzte Woche der Durchbruch bei der Reduzierung des Spritverbrauchs gelungen ist.*“

a) Verschwendungsargument
b) Regelargument
c) Lawinenargument

Übung 9: Welche Argumentform benutzt Karin?

Karin auf der Vorstandssitzung: „*Wir sollten in der jetzigen Lage keine Unternehmensteile veräußern. Wenn wir nämlich anfangen, uns von Unternehmensteilen zu trennen, dann verlieren wir an Substanz und das wäre der erste Schritt zu unserem Ableben.*“

a) Lawinenargument
b) Analogieargument
c) Dilemma

Übung 10: Welche Taktik benutzt Günter in folgender Äußerung?

Günter: „*Natürlich gibt es immer noch Menschen mit mangelnder Urteilsfähigkeit, die glauben, die europäische Währungsreform sei Unsinn.*“

a) Absicherungstaktik
b) Fehler der versteckten Einschränkung
c) Brunnenvergiftung

Übung 11: Welche Taktik benutzt Abgeordneter B?

Abgeordneter A: „*Können Sie uns in aller Öffentlichkeit hier und jetzt versichern, daß es in absehbarer Zeit zu keinen Steuererhöhungen kommen wird?*“

Abgeordneter B: „*Das ist wirklich eine groteske Frage, die ausgerechnet von einem Kollegen stammt, der als Minister in der vorangehenden Regierungsperiode dafür verantwortlich war, daß fast jährlich die Steuern erhöht wurden.*“

a) Strohmann-Taktik
b) Du-Auch-Argument
c) Irrelevanztaktik

Übung 12: Welche Taktik benutzt Michaela im folgenden Dialog?

Gertrud: „*Ich glaube nicht, daß eine Senkung der Unternehmenssteuer irgendeinen Erfolg hat. Es werden dadurch mit Sicherheit keine neuen Arbeitsplätze geschaffen.*“

Michaela: „*Klar, daß Sie als Gewerkschaftsvertreterin dies so sehen müssen.*“

a) Angriff auf Unparteilichkeit
b) Fehlschluß der unerreichbaren Vollkommenheit
c) DaCapo-Taktik

Übung 13: Welchen Argumenttyp benutzt Ludwig?

Ludwig: „*Seit zwanzig Jahren erledigen wir diese Arbeit auf die gleiche Weise. Warum sollten wir jetzt anfangen, es anders zu machen?*“

a) Tabuisierungstaktik
b) Garantietaktik
c) Traditionsargument

Übung 14: Welche Taktik wird von Claudia im folgenden Argument benutzt?

Harald: „*Wir bräuchten ein Konfliktlösungsmodell in unserem Unternehmen. Vielleicht sollten wir einmal Mitarbeiter auf ein Seminar zum Thema Konfliktlösung schicken.*“

Claudia: „*Wie stellen Sie sich denn das vor, wenn wir jetzt alle Mitarbeiter auf ein Seminar schicken sollen? Das ist doch überhaupt nicht finanzierbar. Ich bin gegen diesen Vorschlag.*“

a) Brunnenvergiftung
b) Falsches Dilemma
c) Strohmann-Taktik

Übung 15: Welches Argument benutzt der Staatsanwalt in folgender Passage?

Staatsanwalt: „*Wir haben alle möglichen Spuren verfolgt. Aber bisher gibt es keinen einzigen Beweis dafür, daß Herr X in den Betrugsfall verwickelt ist. Wir sollten daher davon ausgehen, daß er unschuldig ist.*“

a) Evidenztaktik
b) Argument aus dem Nichtwissen
c) Zirkelschluß

Lösungen

zu Übung 1:

Konklusion: Das Rauchen von Marihuana sollte nicht legalisiert werden.

Prämissen: Über die Langzeiteffekte von Marihuana ist zu wenig bekannt.

Das Rauchen von Marihuana führt oft zum Gebrauch harter Drogen.

zu Übung 2:

Konklusion: Der menschliche Geist ist nicht mit dem menschlichen Gehirn identisch.

Prämissen:
Der menschliche Körper, einschließlich Gehirn, ist ein materieller Gegenstand.

Der menschliche Geist ist ein nicht-materieller Gegenstand.

Nichts kann zugleich ein materieller und ein nicht-materieller Gegenstand sein.

zu Übung 3:

Antwort c. Ruth benutzt ein Nein-zur-Konsequenz-Argument. Wir können es auf folgende Weise rekonstruieren:

Wenn die Kirche nicht göttlichen Ursprungs wäre, dann wäre sie, wie jede andere Institution, die so viele korrupte Mitglieder hat, bereits seit Jahrhunderten zusammengebrochen.

Die Kirche aber ist nicht zusammengebrochen. (Es gibt etwas, was sie am Leben erhält.)

Daher: Die Kirche muß göttlichen Ursprungs sein.

zu Übung 4:
Antwort b

zu Übung 5:
Antwort a

zu Übung 6:
Antwort c

zu Übung 7:
Antwort b

zu Übung 8:
Antwort a

zu Übung 9:
Antwort a

zu Übung 10:
Antwort c

zu Übung 11:
Antwort b

zu Übung 12:
Antwort a

zu Übung 13:
Antwort c

zu Übung 14:
Antwort c

zu Übung 15:
Antwort b

Literaturempfehlungen

Hamblin, C. L., **Fallacies**, London, 1970

Salmon, Merrilee H., **Introduction To Logic And Critical Thinking**, San Diego, 1989

Salmon, Wesley C., **Logik**, Stuttgart, 1983

Stegmüller, Wolfgang und Varga v. Kibéd, Matthias, **Strukturtypen der Logik**, Bd. 3, Berlin, 1984

van Eemeren, Frans H., Grootendorst, Rob und Kruiger, Tjark, **Handbook of Argumentation** Theory, Dordrecht, 1987

Walton, Douglas N., **Informal Logic**, Cambridge, 1989

Stichwortverzeichnis

Absicherungstaktik 210
Analogieargument 104
  Disanalogie 107
  Gegenanalogie 107
Argument aus dem Nichtwissen 199
Argument der praktischen Konsequenzen 128
  Schwarzfärberei 130
Argument gegen die Person 168
  direkter Angriff 169
  indirekter Angriff 171
  Du-Auch-Argument 175
  Angriff auf die Unparteilichkeit 176
Argumentationstaktiken 34
Autoritätsargument 97
  Fehler des vagen Bezugs 101
  Fehlerhafte Interpretation von Expertenmeinungen 102

Beispielsargument 139
Beweislast 35
Brunnenvergiftung 161

DaCapo-Taktik 213
Definitorischer Rückzug 209
Dilemma 62
  Falsches Dilemma 65

Emotionale Appelle 187
  Populäre Gefühle 188
  Solidaritätsgefühle 189
  Furcht 189
  Moderate Gefühle – der Mittelweg 190
  Appell an das Gute im Menschen 191
  Mitleid 191
  Die Überlegenheit der Gefühle 192
Entweder-oder-Argumente 57
  Schwarz-Weiß-Denken 58
Erfahrungsargument 34
Evidenztaktik 179

Fehler der einseitigen Perspektive 216
Fehler der emotional geladenen Wörter 223
Fehler der versteckten Einschränkung 211
Fehlschluß der Beispielswiderlegung 218
Fehlschluß der Faktenverneinung 185
Fehlschluß der falschen Alternative 208
Fehlschluß der Teilung 207
Fehlschluß der unerreichbaren Vollkommenheit 197
Fehlschluß der Zusammensetzung 206
FullPower-Argumente 33, 39

Garantietaktik 180

HighPower-Argumente 34, 77
Hypothesenbestätigung 121
Hypothesenwiderlegung 121

Indirekter Beweis 67
Indizienargument 124
Induktive Argumente 77
Irrelevanztaktik 201

Ja-zur-Bedingung-Argument 45
Ja-zur-Konsequenz-Fehlschluß 54

Kausalargument 109
  Kausalschluß 110
  Verwechslung der Ursache mit der Wirkung 113
  Fehler der gemeinsamen Ursache 115
  Schluß von der Ursache auf die Wirkung 118
Konklusion def. 22
Korrektheit eines Arguments 27

Lawinenargument 132
  Präzedenzfall-Lawine 135
  Definitorisches Lawinenargument 137
Logischer Beweis 33
LowPower-Argumente 34, 77

Nein-zur-Bedingung-Fehlschluß 51
Nein-zur-Konsequenz-Argument 48
NoPower-Argumente 161

Plausibilitätsargument 34, 77
Prämisse def. 22

Reaktion auf Taktiken 162
Regelargument 146
  Ausnahmeargument 147

Schlußfolgerung 27
Schlußkette 60
Signalwörter 42
Statistische Verallgemeinerung 80
  Unklare Begriffe 82
  Fehler der falschen Präzision 85
  Fehler des voreiligen Schlusses 85
  Fehler der unzureichenden Statistik 85
  Fehler der voreingenommenen Statistik 88
Statistischer Syllogismus 91
Strohmann-Taktik 193

Tabuisierungstaktik 166
Taktik des abstrusen Gegenbeispiels 182
Traditionsargument 183
Triviale Einwände 195

Vage Ausdrücke 219
Verschwendungsargument 143
  Spielerfehlschluß 145

Wenn-dann-Aussagen 42

Zahlenargument 214
Zirkelschluß 204